SOMMAIRE

L'Atelier

■ Jean-Claude Grumberg.

ÉTONNANTS • CLASSIQUES

JEAN-CLAUDE
GRUMBERG

L'Atelier

Présentation, notes, chronologie et dossier
par ANNE CASSOU-NOGUÈS
et MARIE-AUDE DE LANGENHAGEN,
professeurs de lettres

Flammarion

Du même auteur,
dans la série « Étonnantissimes »

Le Petit Chaperon Uf
Marie des grenouilles

Du même auteur,
dans la collection « Étonnants Classiques »

Zone libre

Édition revue, 2017.
N° d'édition : L.01EHRN000508.C002
Dépôt légal : janvier 2017
ISBN : 978-2-0813-8570-2
ISSN : 1269-8822
Imprimé en Espagne par Novoprint (Barcelone)

PRÉSENTATION

Qui est Jean-Claude Grumberg ?

Une enfance marquée par le traumatisme de la guerre

Jean-Claude Grumberg est né à Paris en 1939, à la veille de la Seconde Guerre mondiale, de parents juifs : son père est venu de Roumanie enfant, avant la Première Guerre mondiale, et sa mère (Simone dans la pièce), d'origine polonaise, est née à Paris en 1907. Dans le programme de *Zone libre*, une de ses pièces qui sera montée au théâtre de la Colline en 1990, l'auteur relate son début de vie, recourant au pronom impersonnel « on » et exprimant le traumatisme laissé par la Seconde Guerre mondiale et par la Shoah : « On, est né et aussitôt On, fut classé youtre, youpin, youvence[1], alors On, a dû cacher son nez, changer son nom, coincer son zizi dans les langes, passer la ligne en fraude bardé de faux papiers de baptême identitaire, puis On, a attendu que ça se passe[2]. » Dès sa naissance, ce contexte fige Jean-Claude Grumberg dans une identité qu'on ne cessera de lui rappeler. La guerre lui vole son père et ses grands-parents, déportés et morts dans les camps. Après ces années d'enfance

1. *Youtre, youpin, youvence* : termes injurieux pour désigner un Juif.
2. Ce texte est édité dans *Sortie de théâtre*, Actes Sud, 2000.

qu'il a passées en zone libre[1], Jean-Claude Grumberg délaisse assez vite l'école : « On, a quitté l'école et très fier, On, a appris le métier de tailleur. » Fils et petit-fils de tailleurs, il apprend le métier, sans posséder de talent manuel : « On, a jamais été foutu malgré les lois héréditaires de couper ni de monter, ni de faire une belle poche passepoilée[2]. »

Une venue inattendue à la littérature

Jean-Claude Grumberg renonce au métier de tailleur pour devenir comédien. Pourquoi ce choix ? « Par hasard », dit-il, mais aussi « pour fuir le métier de ses pères, tous tailleurs, apiéceurs, rapiéceurs ». Mais on lui propose peu de rôles. Disposant de beaucoup de temps libre, il se met à écrire ses premières œuvres : puisque le métier de comédien ne lui réussit pas, il sera auteur.

« Et On, a eu du succès »

Le succès des œuvres de Jean-Claude Grumberg est immédiat et étonne le dramaturge lui-même. Depuis son premier texte, *Demain une fenêtre sur rue*, joué pour la première fois en 1968, il a composé une trentaine de pièces de théâtre. L'écriture est pour lui une thérapie : par le rire, la dérision et la distance, il entreprend de « remonter la pente ». Dans ses pièces, il campe des personnages confrontés à des situations douloureuses, qui tentent d'échapper au désespoir par l'humour. Selon le romancier et journaliste Claude Roy, Jean-Claude Grumberg est l'« auteur tragique le plus drôle de sa génération ».

---

1. Voir chronologie, p. 28-29.
2. Cité dans le programme de *Zone libre*, 1990.

Une œuvre protéiforme

Si son œuvre est variée, Jean-Claude Grumberg écrit essentiellement pour le théâtre (*Rixe*, 1969, *Amorphe d'Ottenburg*, 1971, *Dreyfus*, 1974, *Chez Pierrot*, 1974, *En r'venant de l'expo*, 1974, *L'Atelier*, 1979, *L'Indien sous Babylone*, 1985, *Zone libre*, 1990, *Rêver peut-être*, 1998, *L'Enfant do*, 2002, *Iq et Ox*, 2004)[1] et ses pièces sont aujourd'hui toutes publiées chez Actes Sud. *Marie des grenouilles* (2003) est une pièce de théâtre pour la jeunesse, et son œuvre *Les Courtes* (1995) est un recueil de pièces en un acte.

Grumberg n'est pas seulement dramaturge. Il adapte aussi les œuvres d'autres auteurs pour la scène : *Mort d'un commis voyageur* d'Arthur Miller, en 1987, *Les Trois Sœurs* d'Anton Tchekov, en 1988, *Encore une histoire d'amour* de Tom Kempinski, en 2000, et *Conversations avec mon père* de Herb Gardner, en 2002. En 2001, il a en outre proposé une adaptation dramaturgique de son roman *La nuit tous les chats sont gris*. Grumberg écrit également pour la télévision : pour Simone Signoret, il signe les scénarios de *Thérèse Humbert*, en 1983, et de *Music Hall*, en 1985, réalisés par Marcel Bluwal, et collabore aussi au *Miel amer*, en 1991, et à *Julien l'apprenti*, en 2000. Enfin, il se laisse tenter par le cinéma : il est codialoguiste pour *Le Dernier Métro* (1980) de François Truffaut et pour *Les Années sandwich* (1988) de Pierre Boutron. Avec Costa-Gavras, il écrit *La Petite Apocalypse* (1993), *Amen* (2002) et *Le Couperet* (2004).

Un auteur reconnu

Cette production variée a été couronnée de nombreux prix : Jean-Claude Grumberg a notamment reçu le prix du Syndicat de

1. Nous citons ici les pièces les plus importantes, en donnant leur date de création, c'est-à-dire l'année où elles ont été représentées pour la première fois.

la critique, le prix de la SACD et le prix du plaisir du théâtre pour *Dreyfus*, le Molière du meilleur auteur dramatique pour *L'Atelier*, le prix de l'Académie française pour *Zone libre*, et, en 1999, le grand prix de la SACD pour l'ensemble de son œuvre. Il a obtenu le Molière de la meilleure adaptation pour *Mort d'un commis voyageur* d'Arthur Miller et pour *Encore une histoire d'amour* de Tom Kempinski. En 2003, il s'est vu attribuer, avec Costa-Gavras, le prix du meilleur scénario pour *Amen*.

Comment parler des camps ?

Peut-on parler des camps d'extermination ?

L'action de *L'Atelier* prend place dans un contexte particulier. En effet, les scènes sont précisément datées de 1945 (« Un matin très tôt de l'année 1945 », scène I) à 1952 (« Une fin d'après-midi en 1952 », scène 10). Elles se déroulent donc dans l'immédiat après-guerre. Mais les personnages ne cessent de faire référence au passé, notamment à la Shoah, à l'extermination des Juifs décidée par les nazis en janvier 1942, lors de la conférence de Wannsee, près de Berlin. Nombreux sont les Juifs qui ont été déportés dans des camps de concentration et d'extermination au cours de la Seconde Guerre mondiale. Peu en sont revenus. En 1940, la France comptait trois cent mille Juifs. Soixante-quinze mille d'entre eux ont été envoyés dans les camps et seulement trois pour cent en sont ressortis vivants, le plus souvent malades. Pour ceux qui ont survécu s'est posée la question du témoignage et de sa légitimité. Faut-il raconter l'horreur des camps ? Ceux qui l'ont connue n'en ont pas toujours la force, ils redoutent de revivre par le souvenir cette expérience douloureuse, ils craignent aussi l'accueil qui pourrait parfois leur être réservé ; ceux qui ne l'ont pas vécue hésitent à prendre la parole en lieu et place de ceux qui sont morts. Au contraire, d'autres éprouvent le besoin de témoigner, à l'instar de Primo Levi qui, dès 1947, publie *Si c'est un homme*[1] : « Le besoin de raconter aux "autres", de faire participer les "autres", avait acquis chez nous, avant comme après notre libération, la violence d'une impulsion immédiate, aussi impérieuse que les autres besoins élémentaires », écrit-il dans l'appendice de son ouvrage. Pour Primo Levi, il ne s'agit pas « d'avancer de nouveaux chefs d'accusation, mais plutôt [de] fournir des documents à une étude dépassionnée de certains aspects de l'âme humaine ». Pour d'autres, le désir de témoigner s'accompagne d'une volonté de revanche sur l'Histoire, et c'est alors la colère qui anime les phrases. C'est le cas pour Martin Gray qui assimile l'écriture à un combat : « Je n'ai plus d'arme à la main, comme autrefois dans les maquis de Pologne, mais par moments, je sens en moi la même force qu'alors » (*Au nom de tous les miens*, 1971).

Quels mots pour dire l'horreur ?

Une autre question se pose : comment parler des camps ? Les mots de tous les jours se révèlent impuissants à dire l'inconcevable. Tous les auteurs en font le constat. Martin Gray commence son évocation des charniers de Treblinka par cet aveu d'impuissance : « Ici, il me faudrait une autre voix, d'autres mots. » Pour sa part, Jorge Semprun, dans *L'Écriture ou la Vie* (1994), suggère que l'existence de camps d'extermination est

1. Voir dossier, p. 137.

tellement inimaginable qu'on ne peut se contenter de dire les choses telles qu'elles se sont passées, il faut avoir recours à l'« artifice » : « Comment raconter une vérité peu crédible, comment susciter l'imagination de l'inimaginable, si ce n'est en élaborant, en travaillant la réalité, en la mettant en perspective ? Avec un peu d'artifice, donc ! » Les personnages de *L'Atelier* se heurtent à la même difficulté. À la scène 5, Léon avoue : « Moi aussi je voulais lui [à Simone, qui croit encore au retour possible de son mari déporté] parler depuis longtemps mais... [...]. J'ai peur de mes mots, j'ai peur ! Je prépare une phrase gentille, pleine de bon sens et de compréhension humaine et c'est un truc dégueulasse qui sort... » (p. 81-82).

Jean-Claude Grumberg et *L'Atelier*

Jean-Claude Grumberg n'a pas été déporté, il n'a pas connu directement l'horreur des camps. Comme il le rappelle dans la dédicace initiale, c'est son père, tailleur, qui est mort en camp de concentration (« nous n'attendions plus, ayant appris peu à peu le sens du mot "déporté" », p. 33). Comme beaucoup d'orphelins de la déportation, il éprouve le besoin de témoigner[1]. Serge Klarsfeld décrit ce sentiment dans le discours qu'il prononce lors de la remise du prix de la Fondation du judaïsme français, en 1984 : « Il me semblait que j'entendais le cri de mon peuple, un cri à la mesure du crime, un cri impossible à interrompre, se prolongeant à l'infini. Je ne pouvais me boucher les oreilles et le cœur : si l'enfant rescapé par miracle du génocide était resté sourd à ce cri, qui était aussi un appel à assumer ses responsabilités de Juif, ma vie n'aurait-elle pas été une trahison ? » Un même besoin de raconter donc, mais une nouvelle manière d'écrire : c'est ce qui caractérise la plupart des auteurs

1. Voir dossier, p. 142.

de la deuxième génération. Désormais l'humour participe au témoignage et, à l'évocation des morts, s'ajoute celle des vivants, de ceux qui sont revenus et qui doivent continuer à vivre malgré tout. L'humour est un voile de légèreté posé sur un passé tragique ; c'est aussi une marque d'humilité de la part de ceux qui n'ont pas connu l'horreur des camps, à l'égard de ceux qui en ont fait l'expérience. C'est dans cette seconde vague de récits que s'inscrit *Quoi de neuf sur la guerre ?*[1], un roman de Robert Bober paru en 1993.

L'Atelier, une construction éclatée ?

Une série de tableaux

Contrairement aux pièces classiques, *L'Atelier* ne se divise pas en actes, mais en dix scènes, portant chacune un titre. Ces titres renvoient pour une part à la vie de l'atelier : ainsi, avant d'embaucher Simone, Léon lui fait passer un test – il s'agit de « l'essai » (scène 1) ; la mécanisation progressive des ateliers accroît la menace de la « concurrence » (scène 6)... Ils réfèrent également à des personnages différents : « la fête » (scène 4) est donnée en l'honneur de Marie ; c'est Jean qui doit se rendre à « la réunion » (scène 8) ; « Max » et le commerce occupent la dernière scène. En composant dix tableaux disjoints, l'auteur met l'accent sur la fracture plutôt que sur l'unité de l'intrigue. En effet, les scènes pourraient presque être jouées séparément.

1. Voir dossier, p. 142.

Cette impression est renforcée par la dissolution de l'unité de temps : sept années s'écoulent entre la scène 1 (1945) et la scène 10 (1952). *L'Atelier* est donc une suite d'instants de vie. Il ne s'agit pas de s'appesantir sur un destin tragique, mais d'éclairer de manière fugace des histoires d'autant plus terribles qu'elles sont banales.

Cohérence des scènes entre elles

Pourtant, au-delà de cet apparent éclatement, on voit se dessiner un parcours, non pas celui d'un personnage, mais celui de l'ensemble des personnages. En effet, les scènes 1 à 5 constituent une sorte de première journée. Chacune d'elles se situe à un moment différent de la journée (« un matin très tôt », scène 1 ; « un peu avant midi », scène 2 ; une « fin d'après-midi », scène 3 ; une « fin d'après-midi », scène 4 ; « La nuit », scène 5), comme si l'auteur avait voulu marquer la cohérence de cette première partie. Ce premier temps correspond à l'après-guerre : tour à tour, les personnages évoquent leurs expériences de la guerre. Il s'arrête au moment où Simone comprend, au cours de sa conversation avec le presseur, qu'elle est veuve, et au moment où le presseur décide de quitter l'atelier (« Tu chercheras un nouveau presseur ! », scène 5). Un second temps commence alors et à nouveau les scènes se succèdent en suivant les différents moments de la journée (« avant midi », scène 6 ; « après-midi », scène 7 ; « soir d'été », scène 9). Ce temps est inauguré par la grande tirade de Léon sur les temps qui changent (« Fini !... La guerre est terminée depuis longtemps », scène 6). La scène 10, quant à elle, est à part : c'est la scène de l'avenir, où Simone laisse sa place à ses enfants.

Destins croisés

Dans sa pièce, Jean-Claude Grumberg n'évoque donc pas la guerre et la Shoah de façon continue. Il le fait à travers une galerie de personnages qui ont tous une expérience différente et, au lieu de s'attacher à une intrigue unique, à une histoire particulière, il multiplie les angles d'approche : la pièce est un véritable prisme qui difracte diverses perceptions de l'Occupation, de la déportation des Juifs et de l'après-guerre.

Être juif pendant la guerre

Le presseur, un Juif déporté

Le presseur est le seul personnage à pouvoir témoigner des camps de concentration (« Nous on est partis à pied, les autres, les plus nombreux, sont montés dans des camions ; sur le coup on les a enviés... », scène 5). S'il appartient aux survivants, il est marqué à jamais par cet épisode. Tout d'abord, il est le seul personnage à n'avoir pas de nom : cette perte d'identité rappelle le sort des prisonniers qui, à l'entrée des camps, étaient dépossédés de leur patronyme et identifiés par un numéro tatoué sur leur bras. Outre son nom, il a perdu toute sa vie d'avant-guerre : il n'a plus de famille, ni d'amis (« Personne m'attend », scène 5), plus de trace de sa vie professionnelle (« Dernièrement on m'a réclamé mes fiches de paie d'avant-guerre, j'ai dit que comme j'étais parti avec j'étais revenu sans... [...] J'ai pas osé [...] dire que tous mes anciens patrons étaient partis avec moi », scène 5). De plus, comme les autres survivants, il se distingue par sa résistance physique (« en fer, il est en fer, [...] il sait ce que c'est que travailler va, t'en fais pas, ceux qui sont revenus d'là-bas ils savent... », scène 3). Enfin, il porte les séquelles morales de son expérience concentrationnaire : il lui faut vivre alors qu'il sait et qu'il doit témoigner (« Si on pouvait se couper la langue », scène 5). Finalement, il n'arrive pas à réintégrer la société et il quitte le théâtre (« Ah, les apatrides ils ont pas la tête à donner, ils sont tous partis avec lui les apatrides et ceux qui sont revenus ils sont tous timbrés comme l'ancien presseur, vous vous souvenez ?... », scène 6).

Léon, un Juif caché en zone occupée

Léon relate son histoire dans la scène 5. Il raconte d'abord son aveuglement (« j'allais partout [...] je pensais : Et même si je me fais prendre, ils me feront quoi ? ») puis sa peur (« alors j'ai commencé à avoir sérieusement les chocottes »). Il évoque en même temps les conditions de vie de nombreux Juifs en zone occupée : d'abord le port de l'étoile, après le recensement auprès de l'UGIF (Union générale des Israélites de France), puis les faux papiers (« je m'appelais Richard »), et enfin la nécessité de se cacher, de se terrer en attendant la fin de la guerre (« c'est lui [le concierge] qui m'a planqué dans une chambre en haut, il me montait à bouffer et les nouvelles, je suis resté là, volets fermés, comme une taupe, j'attendais... »). Le premier acte de Léon quand il recouvre la liberté est de crier qu'il est vivant (« *Ich bin yude, Ich bin yude, ich bin leibedick* »). C'est l'attitude qu'il adopte par la suite. Il refuse de se laisser envahir par le passé, par l'émotion, et engage chacun à vivre dans le présent (« La guerre est terminée depuis longtemps ; avec un peu de chance il y en aura bientôt une autre qui sait », scène 6). Ainsi, s'il embauche un ancien déporté comme presseur, c'est, affirme-t-il, uniquement parce qu'il est en « fer » (scène 3) et que c'est un bon ouvrier : jamais il n'emploie les mots de pitié ou de solidarité ; il condamne Simone et ses tentatives pour obtenir une pension, pour faire reconnaître la mort de son mari en déportation, estimant qu'elle s'inflige une souffrance inutile («explique-moi avec ta grande gueule ce qu'elle va gagner en se ruinant la santé à courir comme ça d'un bureau à l'autre... », scène 6 ; « elle aime ça remplir des dossiers, des fichiers, des papiers, c'est son vice à elle et ce papier-là lui servira à rien d'autre... », scène 7) ; il refuse d'écouter sa femme lorsqu'elle lui parle de leurs amis (« tu te souviens celui-là, celle-là... comme par hasard, ils sont tous morts et vous savez comment », scène 10). Il ne faudrait pas croire que cette volonté d'oublier (« je ne veux rien avoir à faire avec les morts, les morts sont morts non et ceux-là sont mille fois plus morts que les autres morts puisqu'on les a même pas... bon... Il faut penser aux vivants non ? », scène 10) s'apparente à de l'indifférence. C'est pour lui le seul moyen de survivre, de faire taire la colère et la douleur qui le font « hurle[r] » (scène 10).

Hélène, une Juive réfugiée en zone libre

On connaît moins bien les sentiments d'Hélène. Pendant la guerre, elle s'est réfugiée en zone libre (« elle est partie, elle, rejoindre sa mère, chez les péquenots », scène 5), mais on ne sait pas quelle vie elle y a menée. Après la guerre, elle est comme prisonnière de ses souvenirs. Non seulement elle ne peut pas oublier ses amis, sa famille (en particulier sa sœur, qui a été déportée à l'âge de vingt-deux ans), tous ses proches disparus (« elle me parle d'eux et puis après elle pleure, elle pleure », scène 10), mais elle est hantée par l'idée que cet épisode tragique de l'Histoire puisse tomber dans l'oubli. C'est ce qui explique son explosion de colère lorsqu'elle découvre l'acte de décès du mari de Simone, qui ne mentionne pas les camps (« mais si ça n'existe pas sur leurs papiers, avec tous les tampons et toutes leurs signatures officielles [...]. Alors personne n'est parti là-bas, personne n'est jamais monté dans leurs wagons, personne n'a été brûlé ; s'ils sont tout simplement morts à Drancy, ou à Compiègne, ou à Pithiviers, qui se souviendra d'eux ? Qui se souviendra d'eux ? », scène 7).

Simone, une Juive, mère de famille, dont le mari a été déporté

Dès les premières répliques du texte, on comprend que le mari de Simone a été déporté, grâce à l'adverbe « aussi » qu'emploie Hélène en lui parlant (« Ma sœur aussi ils l'ont prise en quarante-trois... »). On n'est donc pas surpris quand elle explique : « Il est pas là, il est déporté. » Elle reste seule avec ses deux garçons, qui ont passé la guerre en zone libre. Cette situation familiale rappelle celle de l'auteur lui-même et c'est sans doute pour cela que Simone apparaît comme le personnage central, qui ouvre la pièce (la première scène est consacrée à son arrivée à l'atelier) et sans qui celle-ci ne peut continuer (elle est absente de la scène 10). Simone se caractérise par sa très grande détermination, d'abord dans la foi qu'elle accorde au retour de son mari, ensuite dans les démarches qu'elle entreprend pour obtenir une pension. Des scènes 1 à 5, elle erre de bureau en bureau, cherchant à réunir des informations sur le disparu (« Justement, hier, je sors de la Croix-Rouge, fallait que je leur dépose une photo... », scène 3). Lors de sa conversation avec le presseur, malgré ses dénégations (« Tout le monde dit qu'il va en rentrer encore, qu'il y en a partout, en Autriche, en Pologne, en Russie, qu'on les soigne, qu'on les retape avant de les renvoyer chez eux ! », scène 5), elle comprend la situation. Alors, elle reprend sa course (« elle a besoin de ce papier pour essayer d'obtenir une pension, c'est tout, elle a même peut-être pas droit à cette pension, [...] mais [...] elle veut courir et courir encore dans les bureaux », scène 7). Sa motivation ne semble pas être l'argent ni le désir d'officialiser la déportation de son mari et la responsabilité des autorités ; elle semble plutôt liée à la volonté d'accomplir son devoir à l'égard de son mari. Si Hélène étend son devoir de mémoire à l'ensemble de la communauté juive, Simone, elle, se consacre à sa famille.

Vivre en France pendant et après l'Occupation

Gisèle et les difficultés de la guerre

Gisèle n'est pas juive et, si elle n'est pas ouvertement antisémite, elle considère cependant que les Juifs sont « différents ». Lorsqu'elle s'aperçoit qu'elle en côtoie sans le savoir, elle est tout étonnée (« j'arrive pas à m'y faire... C'est... c'est bizarre non, pourtant vrai t'es... », scène 4). Elle irait même jusqu'à penser qu'ils ont une part de responsabilité dans la guerre (« Au fait tu pourrais peut-être me dire alors ce qu'il y a réellement eu entre vous et les Allemands pendant la guerre », scène 4). Pour elle, la guerre s'apparente surtout à des soucis d'intendance. Élever des enfants, nourrir un mari en temps de guerre, « c'est du boulot » (scène I). Elle doit faire face à la pénurie (« J'en [des bonbons] donne même pas à mes propres gosses », scène I) et s'occuper de tout toute seule (« Un bonhomme ça lui ferait de la lessive en plus un point c'est tout », scène 8).

Madame Laurence et les tentations de la collaboration

Parmi les ouvrières, elle est la seule à recevoir le titre de « madame » et elle occupe une place privilégiée dans l'atelier, près de la fenêtre. En effet, elle n'a pas tout à fait le même statut social que les autres : son mari n'est pas ouvrier, il est fonctionnaire (« Oui, mon mari est fonctionnaire, parfaitement et j'en suis fière ! », scène 4). Or, pendant la guerre, elle et son mari ont été proches de la collaboration. En effet, quand Mimi lui fredonne un chant en l'honneur du maréchal Pétain, chef de l'État français (« Maréchal nous voilà,/ C'est toi le sauveur de la France », scène 4), elle ne s'insurge pas. Elle a d'ailleurs cherché l'appui de Gisèle dans la première scène pour affirmer que les Allemands, « sur le plan de la tenue », valaient mieux que les Américains qui « manquent un peu de... ». Ainsi, on soupçonne que si son mari a réellement « sauvé des Israélites », c'est un retournement de la dernière heure.

Mimi et les joies de la Libération

Pour Mimi, la guerre est vite oubliée : elle n'est pas juive, elle n'a pas de mari ni d'enfants qu'elle pourrait avoir perdus pendant le conflit et n'éprouve nulle tristesse, nulle amertume. Elle se sent prête à profiter des joies de la Libération, à aller au « guinche » avec les « Amerloques », à danser le swing ou à écouter de la musique zazou. Son seul regret est de subir la pénurie et le rationnement, qui l'empêchent de profiter pleinement de la vie (« j'ai pas de bas... j'ai pas de combinaison... j'ai pas de savon, rien... d'abord je veux du chocolat, oui je veux du chocolat ! », scène 6).

Une nouvelle génération : Marie, Jean

Pour les deux plus jeunes personnages, Marie et Jean, la guerre n'existe pas vraiment. C'est ainsi que Marie demande avec naïveté à Simone : « C'est votre mari qui aime pas ça [danser] ? », n'imaginant pas un seul instant qu'il puisse avoir été déporté, avoir été fait prisonnier de guerre, ou être mort. Les deux jeunes gens incarnent l'avenir : Marie par son mariage et par sa grossesse, Jean par son implication dans une cellule communiste.

Le refus du pathétique

Œuvre d'un auteur de la « deuxième génération », orphelin de la déportation, n'ayant pas lui-même connu les camps de concentration, *L'Atelier* évoque le sort des Juifs pendant la Seconde Guerre mondiale mais refuse le pathétique. Au contraire, la pièce aborde la question de biais, au travers de tranches de vie, de courtes scènes, de brefs dialogues entre ouvriers.

Travailler pour vivre

Dans la pièce, le travail occupe une large place. Dans une interview, Jean-Claude Grumberg affirme d'ailleurs : « Les personnages ne viennent pas parler, ils viennent travailler. » Chaque scène commence alors que les ouvriers sont en plein travail (« Allez, allez, on s'arrête », scène 4 ; « J'en ai plus pour longtemps », scène 5 ; « L'atelier en plein travail », scène 8 ; « Ça va être de vrais chiffons... », scène 9). Les personnages sont d'abord identifiés par leur fonction : ainsi, quand Hélène présente Simone aux autres ouvrières, elle ajoute : « c'est pour les finitions » ; quant à Mimi, Marie, Gisèle et madame Laurence, elles commencent par juger leur nouvelle compagne par sa manière de coudre (« Ça se voit vous faites de jolis petits points », scène 1). La tâche de chacun est précisée par un vocabulaire spécifique (« table à entoiler », « presse », « finitions », etc.). Les personnages ne travaillent pas pour le plaisir mais pour vivre et parlent souvent de leur salaire (« Vous avez déjà discuté argent ? [...] Faut pas vous laisser faire hein... », scène I ; « Je travaille tiens je me demande pourquoi... Sûrement parce que c'est la mode... Je me fais engueuler et... j'ai rien... », scène 6 ; « À l'heure, tu fais tes heures et le reste c'est payé en heures supplémentaires », scène 8). Ainsi, c'est dans un contexte quotidien et banal, en tirant le fil et en négociant son salaire, que l'on parle de la guerre. Ce procédé n'est pas anodin. Les personnages osent davantage se confier dans ces conditions : le travail à exécuter ou la pièce à finir les empêchent de sombrer dans l'émotion et ils peuvent compter sur l'un ou l'autre des ouvriers pour ramener la conversation vers un terrain moins douloureux. À cet égard, la construction de la scène 3 est remarquable : Simone raconte comment elle et ses enfants ont été arrêtés et relâchés, c'est-à-dire comment ils ont risqué leur vie, « eu chaud aux plumes », puis comment son mari a été pris. Ce passage émouvant est encadré par le récit comique de la rencontre de Simone et d'un jeune homme entreprenant, dont elle a eu du mal à se débarrasser. C'est Marie qui interrompt l'histoire de l'arrestation de Simone et de ses enfants et de celle de son mari et redirige la conversation vers l'anecdote légère en demandant : « Et ce type alors ? » Simone accepte sans hésiter les heures supplémentaires : en effet, elle sait que c'est à l'atelier, en travaillant, qu'elle peut laisser parler ses émotions. Il lui arrive parfois de pleurer (« Simone qui pleure toujours, tout en travaillant », scène 8), alors que chez elle, « elle pleure jamais » (scène 10) ; et elle avoue que c'est à l'atelier qu'elle peut se changer les idées (scène 8). Ainsi, la pièce ne sombre jamais dans le pathétique parce que le travail offre toujours aux ouvriers l'occasion de se rappeler qu'ils sont vivants.

Une parole familière

Ce qui contribue également à tenir le pathétique à distance, c'est la langue employée. Dans un souci de réalisme, Jean-Claude Grumberg s'attache à restituer le parler populaire des années 1950. Cette langue est souvent économe et les élisions sont très nombreuses : élision des sujets (« fallait que je leur dépose une photo », scène 3), élision des négations (« C'est pas l'Allemagne ça ? », scène 9). La rapidité des répliques est accentuée par les très nombreuses contractions orales (« Y va lui dire », scène 6 ; « t'as raison », scène 7). Ainsi, les personnages ne se laissent pas aller à de longues tirades dramatiques, mais se contentent de courtes répliques, qui confèrent un grand dynamisme au dialogue. De plus, cette langue est souvent crue et allégorique. Les images font sourire alors même qu'elles évoquent une réalité douloureuse. Mimi conclut le récit de l'arrestation de Simone par ces mots : « t'as eu chaud aux plumes ma poulette » (scène 3) ; quant à Léon, il désigne un soldat nazi comme un « vert-de-gris rose et blond » (scène 5), le transformant en un mélange de couleurs peu harmonieux.

L'importance accordée au travail et la familiarité de la langue tiennent donc le pathétique à distance. C'est ce qui permet à Gildas Bourdet, l'un des metteurs en scène de la pièce, d'écrire : « *L'Atelier* est une comédie parce que la tragédie s'est déroulée avant que la pièce ne commence. »

L'Atelier commence en 1945 (« Un matin très tôt de l'année 1945 », scène 1) et s'achève en 1952 (« Une fin d'après-midi en 1952 », scène 10). Ce sont les années de la Libération et de la reconstruction. Mais la plupart des personnages, très marqués par la Seconde Guerre mondiale, vivent dans le passé proche, faisant ainsi mentir monsieur Léon lorsqu'il affirme : « La guerre est terminée depuis longtemps. [...] On est plus dans l'après-guerre, on est de nouveau dans l'avant-guerre, tout est redevenu normal » (scène 6). La chronologie qui suit ne vise pas l'exhaustivité mais tente d'éclairer les différentes allusions faites par les personnages à la guerre et de restituer le contexte historique dans lequel les scènes – signalées entre crochets dans la marge – s'inscrivent.

CHRONOLOGIE

1933 1952

Repères historiques

Repères historiques

1933 *30 janvier* : Hitler accède au pouvoir en Allemagne.

1933-1939 Ouverture par les nazis des camps de prisonniers (politiques, juifs, tsiganes) à Dachau, Sachsenhausen, Oranienburg, Mauthausen, Ravensbrück, Struthof…

1935 *15 septembre* : lois raciales de Nuremberg pour la « protection et l'honneur du sang allemand ».
14 novembre : publication d'un arrêté définissant les critères d'appartenance à la communauté juive.

1938 *13 mars* : l'Allemagne annexe l'Autriche (*Anschluss*).

1939 *1er septembre* : l'Allemagne envahit la Pologne. Les Juifs, regroupés de force dans des ghettos coupés du reste du monde, y meurent de faim et de maladie.
3 septembre : la Grande-Bretagne, qui avait pris un engagement envers la Pologne, et la France, soutenant son alliée, déclarent la guerre à l'Allemagne.
De septembre à mai de l'année suivante : « drôle de guerre ». Hitler souhaite attaquer la France mais l'insuffisance des équipements terrestres et aériens l'oblige à ajourner l'offensive.
Les Alliés se tiennent sur la défensive.

1940 *4 mai* : ouverture du camp d'Auschwitz en Pologne.
10 mai : l'Allemagne attaque la Belgique et les Pays-Bas.
13 mai : les troupes allemandes pénètrent en France par les Ardennes. Leur progression entraîne l'exode des populations et la fuite du gouvernement français, qui s'installe à Bordeaux, le 14 juin.
16 juin : démission de Paul Reynaud de la présidence du Conseil. Il est remplacé par le maréchal Pétain, favorable à la signature d'un armistice avec l'Allemagne.
18 juin : le général de Gaulle lance de Londres son appel à la Résistance.
22 juin : signature de l'armistice marquant la défaite de la France – l'Allemagne annexe l'Alsace-Lorraine ; les départements du Nord sont rattachés au commandement allemand de Bruxelles ; le reste de la France est divisé par une « ligne de démarcation » : au nord et à l'ouest, les Allemands s'assurent une zone d'occupation avec une voie de communication vers l'Espagne ; au sud, c'est la « zone libre », où le maréchal

Repères historiques

Pétain institue un nouveau régime, l'« État français », à la place de la République, le 10 juillet.
Août : en France, premiers décrets du gouvernement de Vichy contre les Juifs. Ils sont exclus de toute fonction conférant autorité ou influence (fonctions politiques, publiques, cinéma, théâtre, radio, enseignement) ; leur accès à l'université et aux professions libérales est limité.
24 octobre : entrevue entre Pétain et Hitler à Montoire, qui pose les bases d'une politique de collaboration entre la France et l'Allemagne.

1941 *2 juin* : deuxièmes décrets du gouvernement de Vichy contre les Juifs : leurs entreprises sont confiées à des administrateurs gérants ; ils doivent se faire recenser auprès de l'UGIF (Union générale des Israélites de France).
31 juillet : directive de Göring, bras droit de Hitler, donnant les pleins pouvoirs aux SS[1] afin de trouver la « solution finale à la question juive ».
De septembre à décembre : premiers gazages à Auschwitz et à Chełmno.

1942 *20 janvier* : conférence à Wannsee, au cours de laquelle les principaux chefs nazis décident de l'extermination massive des Juifs d'Europe. Les gazages au Zyklon B se multiplient dans les camps. Création des premiers maquis (groupes clandestins de résistants) et entrée des communistes dans la Résistance.
De mars à juillet : le gouvernement de Vichy prend des mesures contre les Juifs (port de l'étoile jaune obligatoire, couvre-feu) et collabore à leur déportation, y compris en zone non occupée.
16-17 juillet : rafle du Vél'd'Hiv'. La police française arrête près de 13 000 Juifs qui seront pour la plupart déportés en Pologne.
22 juillet : les Juifs du ghetto de Varsovie commencent à être déportés massivement vers Treblinka pour y être exterminés.
8 novembre : les Allemands envahissent la zone libre.

---

1. ***SS*** : de l'allemand *Schutzstaffel*, « section de protection » ; groupements paramilitaires nazis.

Repères historiques

1943
2 février : victoire des Soviétiques sur les Allemands à Stalingrad.
19 avril-16 mai : le ghetto de Varsovie se soulève avant d'être anéanti par les Allemands.
2 août : tentative de révolte à Treblinka.
14 octobre : tentative de révolte à Sobibor.

1944
6 juin : débarquement allié en Normandie.
10 juin : massacre du village d'Oradour-sur-Glane par les soldats allemands à la suite d'une action du maquis contre eux.

1945 [Scène 1]
De janvier à mai : libération progressive des camps à mesure de l'avancée alliée. Des dizaines de milliers de détenus périssent au cours des marches forcées que leur imposent les nazis : ceux-ci veulent éliminer tous les témoins des camps.
8 mai : capitulation de l'Allemagne.
18 octobre : ouverture du procès de Nuremberg au cours duquel sont jugés les principaux dirigeants nazis pour crimes de guerre et crime contre l'humanité, notion de droit nouvellement créée pour répondre au crime de génocide.
21 octobre : les Français et, pour la première fois, les Françaises votent par référendum en faveur d'une nouvelle Constitution.

1946 [Scène 2 et scène 3]
2 juin : élection d'une assemblée provisoire pour écrire la nouvelle Constitution. Elle repose sur le tripartisme : parti communiste, parti socialiste et MRP (Mouvement républicain populaire), issu de la Résistance.
13 octobre : référendum sur la Constitution de la IVe République.

1947 [Scène 4 et scène 5]
16 janvier : le socialiste Vincent Auriol est désigné comme premier président de la IVe République. Il nomme Paul Ramadier chef du gouvernement.
Janvier : mise en place du plan de modernisation et d'équipement, dirigé par Jean Monnet (il s'agit de renouveler et d'améliorer l'équipement, de faire face à la demande croissante de biens de consommation, de reconstruire les immeubles détruits et surtout de relancer l'industrie de base).

Repères historiques

Printemps : hausse du pouvoir d'achat mais les denrées restent insuffisantes et les prix augmentent considérablement. Pour faire face à l'inflation, le gouvernement décide de geler les salaires. Commencent alors des grèves très importantes soutenues par le parti communiste et les syndicalistes de la CGT.
4 mai : les ministres communistes votent contre le gouvernement auquel ils appartiennent. Ils sont renvoyés le lendemain.
Automne : conférence du Kominform (bureau d'information des partis communistes). Les communistes français sont accusés de « crétinisme parlementaire ». Ils renoncent à être un parti de gouvernement et durcissent leur position.

1948 [Scène 6]
Entrée en vigueur du plan Marshall (plan de reconstruction européenne).
12 avril : création d'une nouvelle confédération syndicale, la CGT-FO (Confédération générale du travail-Force ouvrière).

1949 [Scène 7]
4 avril : création de l'OTAN (Organisation du traité de l'Atlantique Nord), qui a pour but de « sauvegarder la paix et la sécurité et de développer la stabilité et le bien-être dans la région de l'Atlantique Nord ».
Mai : création à Londres du Conseil de l'Europe, qui tend à renforcer la coopération économique européenne inaugurée par l'OCDE (Organisation de coopération et de développement économique) fondée en 1948.
Création de la RFA (République fédérale d'Allemagne).
Novembre : création de la RDA (République démocratique allemande).

1950 [Scène 8]
Robert Schuman lance l'idée du « pool charbon-acier », qui prendra forme l'année suivante.
11 février : création du SMIG (salaire minimum interprofessionnel garanti).

1951 [Scène 9]
Création de la CECA (Communauté européenne du charbon et de l'acier).

1952 [Scène 10]
27 mai : signature du traité de Paris créant la CED (Communauté européenne de défense).
4 novembre : Eisenhower est élu président des États-Unis.

L'Atelier

Le premier atelier[1] *de ma vie fut ce lieu inutile dans les trois pièces de mon enfance où mon père travaillait avant-guerre, dans les années cinquante, ma mère se décida à nous en faire une chambre… Elle-même en attendant le retour de mon père travaillait comme finisseuse*[2] *dans un atelier de confection pour hommes. Plus tard – nous n'attendions plus, ayant appris peu à peu le sens du mot « déporté » –, devenu moi-même apprenti tailleur, j'ai bien connu d'autres ateliers… Cette pièce est écrite pour ma mère, et pour toutes celles et tous ceux que j'ai vus rire et pleurer dans mes nombreux ateliers…*

Jean-Claude GRUMBERG.

---

1. ***Atelier*** : lieu où l'on fabrique des vêtements.
2. ***Finisseuse*** : ouvrière chargée des travaux de finition – couture des ourlets, des tours de manches (doublure) et des boutons.

PERSONNAGES

HÉLÈNE
SIMONE
GISÈLE
MARIE
MADAME LAURENCE
MIMI
LÉON
1er PRESSEUR
JEAN, 2e PRESSEUR
MAX
L'ENFANT
DEUX MÉCANICIENS

L'Atelier *de Jean-Claude Grumberg a été créé le 18 avril 1979 au théâtre national de l'Odéon (direction Pierre Dux), dans une mise en scène de Maurice Bénichou, Jean-Claude Grumberg, Jacques Rosner.*

temps, ôte même ses chaussures qu'elle troque contre des charentaises[1]*... Elle gagne sa place en traînant les pieds, en bout de table face à Simone, dos à la fenêtre sur un tabouret haut. Elle domine ainsi la situation. Hélène tout en travaillant a poursuivi les présentations. Simone a fait un sourire à chacune des nouvelles arrivantes. Elles travaillent maintenant toutes les quatre en silence, chacune à son rythme. Hélène debout devant sa table bâtit*[2] *les toiles sur les devants de veste, elle va très vite, jetant de temps en temps un coup d'œil sur les ouvrières. Entre Mimi, elle semble courir. Elle est immédiatement saluée par une réflexion de Gisèle.*

GISÈLE. – T'es encore tombée du lit ce matin ?

Mimi tout en enfilant sa blouse répond d'un signe de la main qui semble dire : « Ne m'en parle pas. » Hélène alors la présente :

HÉLÈNE. – Mademoiselle Mimi... Madame Simone.

Simone sourit à Mimi. Mimi tout en s'asseyant tend cérémonieusement la main à Simone. Celle-ci plante son aiguille dans sa pièce et lui serre la main, gênant ainsi Marie qui râle. Mimi jette un coup d'œil dédaigneux à Marie mais ne prononce pas un mot.
Dès que Mimi commence à travailler madame Laurence en éloignant légèrement son tabouret lui dit :

MADAME LAURENCE. – Vous allez m'éborgner un jour...

Mimi ne relève pas, elle travaille. Silence. Gisèle chantonne machinalement.

HÉLÈNE. – Ça va bien aujourd'hui, madame Gisèle !
GISÈLE, *surprise*. – Moi ? Non, pourquoi ?
HÉLÈNE. – Comme je vous entends chantonner...
GISÈLE. – Moi ? Je chantonne pas, madame Hélène, j'ai pas le cœur à ça, surtout ces temps-ci...

---

1. ***Charentaises*** : gros chaussons en laine.
2. ***Bâtit*** : assemble à grands points les morceaux de tissus qui composent un vêtement afin qu'ils se maintiennent en place au moment où ils sont définitivement cousus, le plus souvent à la machine.

Elle en a déjà presque les larmes aux yeux. Mimi et Marie la regardent et pouffent ensemble de rire.

MADAME LAURENCE *jette de loin un œil sur le travail de Simone puis lui lance.* – Vous faisiez le beau[1] ? *(Simone approuve.)* Ça se voit vous faites de jolis petits points…

Soudain, passant la tête par la porte qui donne sur les autres pièces de l'atelier, le patron, monsieur Léon, apparaît un très bref instant et hurle deux fois très fort :

LÉON. – Hélène, Hélène !

Toutes les ouvrières sursautent ensemble, poussent un cri de frayeur puis éclatent de rire. Hélène soupire. On entend dans l'autre pièce Léon s'énerver (peut-être au téléphone). On perçoit distinctement le bruit des machines. Madame Laurence se tient la poitrine en secouant la tête. Simone, qui a sursauté avec les autres, rit maintenant de bon cœur. Mimi imite un chien qui grogne et aboie tandis que madame Hélène sort en fermant la porte derrière elle. On les entend discuter puis s'éloigner.

GISÈLE. – Eh ben ça commence bien… Si ça hurle dès le matin, moi…

Elle ne finit pas sa phrase.

MADAME LAURENCE. – Y a de l'eau dans le gaz…

SIMONE. – Il est toujours comme ça ?

MADAME LAURENCE. – Monsieur Léon ? Vous l'avez pas encore vu ? On vous laisse la surprise…

MIMI, *d'une voix très enrouée, presque aphone.* – Ce sera répété.

MADAME LAURENCE. – Quoi ?

MIMI. – Ce sera répété.

MADAME LAURENCE. – Mais quoi ?

---

1. ***Vous faisiez le beau*** : vous travailliez dans la confection de luxe, voire dans le sur-mesure.

MIMI *poursuit toujours enrouée ; elle parlera ainsi jusqu'à la fin de la scène.* – Ce que vous avez dit de monsieur Léon, je lui répéterai.

MADAME LAURENCE, *prenant les autres à témoin.* – Ça va pas, elle est maboule[1] cette poule, qu'est-ce que j'ai dit, qu'est-ce que j'ai dit ? *(Mimi se gratte la gorge sans répondre. Marie se retient de rire. Madame Laurence la foudroie du regard.)* Ça vous amuse vous ?

MARIE. – C'est sa voix… *(Elle éclate de rire. À Mimi.)* C'est ta voix.

MIMI, *après s'être raclé la gorge.* – Ça t'amuse ? Tu te fous de ma gueule alors ?

Marie approuve de la tête. Gisèle pendant ce temps a conseillé à Simone de changer de place et de s'installer plus près de la fenêtre entre elle et madame Laurence – « pour la lumière ». Simone a remercié Gisèle et a changé de place. Gisèle l'a aidée. Simone se trouve maintenant en face de Mimi. Mimi la découvrant poursuit.

MIMI. – Le malheur des gens ça a toujours fait rire les imbéciles…

Marie tout en riant la remercie.

GISÈLE. – Faut rire, ça remplace la viande[2]…

Mimi tousse, Simone fouille dans son sac et en sort une boîte de cachous[3] qu'elle lui tend.

SIMONE. – C'est bon pour la gorge.

MIMI, *se servant.* – Merci… *(Simone en offre aux autres qui se servent. Marie lit.)* « Pectoïdes[4], cachou bonbon calme la toux parfume et rafraîchit l'haleine. »

---

1. ***Maboule*** : folle.
2. ***Ça remplace la viande*** : allusion aux restrictions. La viande est très rare et très chère au lendemain de la guerre.
3. ***Cachous*** : pastilles parfumées avec l'extrait du fruit de l'acacia.
4. ***Pectoïdes*** : bonbons pour la gorge.

GISÈLE, *à Simone.* – On voit les femmes qu'ont des enfants… *(Simone approuve de la tête.)* Combien ?

SIMONE. – Deux.

GISÈLE. – C'est du boulot, hein ?

MIMI, *la coupant.* – Pourquoi t'en offres jamais des bonbons ? Toi aussi t'es mère de famille non ?

GISÈLE. – J'en donne même pas à mes propres gosses, tu voudrais quand même pas que j'en achète exprès pour toi ?

MIMI. – Si, ça me ferait plaisir… T'offres jamais rien…

Gisèle reste sans voix.

MADAME LAURENCE, *à Mimi.* – Vous feriez mieux de vous abstenir aujourd'hui, reposez-vous donc un peu l'organe pour une fois… *(Mimi ricane et chevrote[1]. Madame Laurence poursuit.)* C'est pour vous, hein ?… Bien sûr si vous pensez que ce que vous avez à nous dire est important… *(Bref silence. Elle reprend.)* Quand même une journée de calme ce serait pas…

Mimi a repoussé discrètement et légèrement son tabouret vers celui de madame Laurence si bien que celle-ci se trouve à nouveau gênée par le bras de Mimi et menacée par son aiguille. Madame Laurence s'interrompt, se recule légèrement puis très digne.

MADAME LAURENCE. – Ça vous ferait rien de me laisser un peu d'espace vital ?

GISÈLE et MARIE, *ensemble.* – Ma chère…

MIMI. – Quoi, qu'est-ce qu'elle dit ? *(Madame Laurence pose la pièce qu'elle vient de finir à côté d'elle, se lève et sort. Mimi essaie de dire à la cantonade[2].)* Elle a sa fuite plus tôt que d'habitude, faut un plombier pour lui boucher ça…

Mais sa voix déraille, elle se racle la gorge et tousse. Simone ressort sa boîte. Mimi refuse d'un geste.

---

1. ***Chevrote*** : imite le bêlement de la chèvre.
2. ***À la cantonade*** : tout fort, en s'adressant à tous.

GISÈLE, *sèchement à Simone.* – Vous feriez mieux de les garder pour vos gosses.

MARIE, *après avoir tapé dans le dos de Mimi.* – Où t'as chopé ça encore ?

MIMI, *hausse les épaules.* – Je ne sais pas... J'ai été danser hier soir, en sortant j'ai pris la flotte...

GISÈLE. – Il a plu cette nuit ?

MIMI *fait non de la tête.* – Je suis tombée dans le caniveau. *(Marie éclate de rire.)* Marre-toi, marre-toi... J'étais avec Huguette, ma copine Huguette...

GISÈLE. – La grosse.

MIMI. – Elle est pas si grosse...

GISÈLE. – Huguette, c'est pas celle que t'appelles la « grosse vache » ?

MIMI *approuve.* – C'est ça, ça veut pas dire qu'elle est grosse : elle fait grosse... Hier on a été au guinche[1] ensemble, j'ai ôté mes souliers pour danser et à la fin je les ai pas retrouvés...

Marie se tord de rire. Simone commence à glousser aussi.

GISÈLE. – T'as perdu tes chaussures ?

MIMI. – On me les a fauchées oui...

GISÈLE. – On enlève ses chaussures maintenant pour danser ?

MIMI. – Le swing[2]... pour danser le swing... alors gentiment deux Amerloques[3] nous ont proposé de nous raccompagner, y en a un qui me portait pour que je salisse pas mes petits petons[4] et puis je sais pas ce qu'ils ont baragouiné[5] mais à un moment y en a un qui m'a demandé quelque chose, j'ai

---

1. ***Guinche*** : bal.
2. ***Swing*** : danse alors nouvellement importée en France par les soldats américains.
3. ***Amerloques*** : ici, soldats américains (familier).
4. ***Petons*** : pieds (familier).
5. ***Ont baragouiné*** : ont essayé de dire dans une langue qu'ils ne maîtrisaient pas bien, en faisant beaucoup de fautes (familier).

pas compris exactement quoi, mais j'ai fait oui avec la tête et ma copine a fait oui aussi, alors le type m'a laissée tomber sans prévenir en plein dans le caniveau. J'étais toute mouillée et puis Huguette et les deux Amerloques se sont mis à se marrer et alors on s'est engueulés. *(Elle se racle la gorge, elle peine de plus en plus.)* Ce matin je me suis réveillée comme ça, je ne pouvais plus parler du tout...

Gisèle, Marie et Simone se tordent de rire.

MADAME LAURENCE *revient, regagne sa place, puis.* – C'est moi qui paie ? *(Gisèle, Marie et Simone font non de la tête tout en riant de plus belle. Madame Laurence à Simone qui s'efforce de ne plus rire par politesse envers elle.)* Vous avez vite pris le pli[1], ça ne fait rien, j'ai l'habitude, elle monte tout le monde contre moi.

Simone ne parvient pas à se calmer, elle rit de plus en plus nerveusement tout en s'excusant.

GISÈLE, *à madame Laurence.* – On a même rien dit sur vous rien du tout...

MIMI, *à Gisèle.* – Laisse donc... C'est pas beau de mentir, si on a dit, surtout elle... *(Elle désigne Gisèle. Simone a maintenant son mouchoir à la main, elle ne travaille plus, elle se tamponne les yeux en continuant à s'excuser à chaque éclat de rire. Mimi poursuit.)* Voilà ce que c'est de pas comprendre l'amerloque. Huguette m'a dit que j'aurais pas dû faire oui avec la tête.

Elle prononce une phrase en « américain ».

MARIE. – Ils étaient soûls ou quoi ?

GISÈLE. – T'es revenue toute mouillée et pieds nus alors ?

MIMI, *qui rit maintenant à son tour.* – Ma jupe me collait partout... Elle a rétréci, une vrai saloperie cette putain de fibranne[2]...

---

1. ***Vous avez vite pris le pli*** : vous vous êtes vite habituée.
2. ***Fibranne*** : textile artificiel, utilisé après la guerre pour faire face à la pénurie de coton et de soie.

Elles rient toutes de nouveau sauf madame Laurence qui fait ostensiblement la gueule. Peu à peu le calme revient.

GISÈLE. – Comment on peut aller danser comme ça tous les soirs ?

MIMI. – J'y vais pas tous les soirs, j'y ai été hier…

MARIE, *à Simone.* – Vous aussi vous allez danser ?

Simone fait non de la tête en riant.

GISÈLE. – Elle a dit qu'elle avait des enfants.

MARIE. – C'est interdit d'aller danser quand on a des enfants ? *(Gisèle secoue la tête agacée.)* On peut même aller danser avec son mari, non ?

SIMONE, *simplement pour couper court.* – Ces temps-ci, je ne vais pas danser.

GISÈLE. – Là !

MARIE. – Et avant vous y alliez ?

SIMONE. – De temps en temps oui…

MARIE. – C'est votre mari qui aime pas ça ?

SIMONE, *après un léger temps.* – Il est pas là, il est déporté.

Bref silence.

MIMI *poursuit de sa voix enrouée.* – Quand j'y pense, quel salaud cet Amerloque… C'est peut-être même lui qui m'a piqué mes godasses…

GISÈLE. – Bien fait, t'as qu'à pas les enlever… Non mais, j'ai jamais…

MIMI, *la coupant.* – T'allais danser toi ?

GISÈLE. – Bien sûr.

MIMI. – Sans blague !

GISÈLE. – Quand j'étais jeunette…

MIMI. – T'as été jeunette toi ? Sans blague ?

GISÈLE. – En tout cas j'ai jamais dansé avec des troufions[1] moi.

---

1. ***Troufions*** : simples soldats (populaire).

MARIE. – Pourquoi pas si c'est pas des Boches[1] ?

GISÈLE. – N'empêche que les Boches y a des choses qui faisaient pas… *(Elle se tourne vers Simone.)* Je m'excuse enfin, je veux dire que les Américains parfois…

Elle s'arrête.

MIMI, *après un temps*. – Accouche, vas-y crache, dis-nous tout…

MADAME LAURENCE. – Qu'est-ce que vous vouliez dire au juste madame Gisèle ?

GISÈLE. – Rien, rien…

MADAME LAURENCE, *conciliante*. – Vous aimiez mieux avoir les Allemands que les Américains ?

GISÈLE. – J'ai pas dit ça hein, ne me faites pas dire…

MADAME LAURENCE, *de plus en plus conciliante*. – Sur le plan de la tenue bien entendu.

GISÈLE. – Question correction alors oui peut-être, quoique c'est pareil, c'est comme dans tout, hein…

MIMI. – Tu veux qu'on leur demande de revenir, ils te manquent les Frisés[2] ?

Elle siffle à la cantonade. Gisèle hausse les épaules. Silence.

MADAME LAURENCE. – C'est vrai que les Américains tant qu'ils étaient pas là on priait pour qu'ils arrivent, maintenant qu'ils sont là, on prierait pour qu'ils repartent.

MIMI. – Parlez pour vous, moi ils me gênent pas, sauf quand ils me piquent mes godasses et qu'ils me foutent à l'eau.

MADAME LAURENCE. – Je trouve qu'ils manquent un peu de…

MARIE. – Il y en a un qui vous a manqué de respect, madame Laurence ?

Mimi hurle de rire. Madame Laurence hausse les épaules. La porte s'ouvre. Madame Hélène appelle :

---

1. ***Boches*** : Allemands (familier et injurieux).
2. ***Frisés*** : Allemands (familier et injurieux).

HÉLÈNE. – Madame Simone, s'il vous plaît. *(Simone se lève, pose sa pièce*[1]*. Hélène de la porte.)* Non, non venez avec…

Hélène disparaît. Simone semble émue.

GISÈLE. – Vous avez déjà discuté argent ? *(Simone fait non de la tête.)* Faut pas vous laisser faire hein…

MARIE, *chuchote au passage à Simone.* – Méfiez-vous il a un peu les mains en pinces de crabe[2]…

Simone sort.

MADAME LAURENCE, *à Marie.* – Qu'est-ce que vous avez dit ?

MARIE. – Quand ?

MADAME LAURENCE. – Vous avez parlé de crabe ?

MARIE. – J'ai dit qu'il avait les mains en pinces de crabe.

MADAME LAURENCE, *après un instant.* – Je ne comprends pas.

Marie hausse les épaules.

GISÈLE. – Il est bien brave quand même.

MARIE, *agacée.* – Ça n'empêche pas…

Silence.

MIMI, *à Marie.* – Elle aussi.

MARIE. – Quoi ?

MIMI, *désignant le tabouret de Simone.* – Elle aussi…

MARIE. – Elle aussi quoi ?

Mimi fait le geste d'avoir un grand nez[3]*.*

MARIE. – T'es pas folle.

MIMI. – Tiens !

---

1. ***Pièce*** : voir note 5, p. 36.

2. ***Il a un peu les mains en pinces de crabe*** : il est un peu radin.

3. La propagande antisémite avait déterminé des caractéristiques physiques pour identifier les Juifs, notamment la taille du nez.

MARIE. – Je crois pas moi…

MIMI. – Je les reconnais, c'est bien simple, je les reconnais.

Marie hausse les épaules.

GISÈLE. – En tout cas, elle est bien brave !

MIMI. – Oh là là c'est pas vrai, tout le monde est bien brave avec elle ce matin…

GISÈLE. – Elle me plaît bien c'est tout.

MIMI. – À moi aussi, là, elle me plaît bien… n'empêche que elle aussi…

MADAME LAURENCE. – Elle a un drôle de rire !

Silence.

GISÈLE. – La pauvre elle a pas dû avoir souvent l'occasion de rire ces derniers temps avec tous ses malheurs.

MIMI. – Eh quoi ? On en a tous des malheurs, moi j'ai bien perdu mes godasses j'en fais pas une…

GISÈLE, *à Marie avec reproche.* – Et toi, qui lui demandes si son mari aime la danse ?

MARIE. – Est-ce que je savais moi ?

MADAME LAURENCE. – Y a des choses qu'on sent…

Marie a fini sa pièce, elle découpe son ticket[1]*, le range dans sa boîte, regarde autour d'elle. Elle est en colère.*

MARIE. – J'ai plus de boulot !

GISÈLE. – Va en chercher.

MARIE, *sans se lever.* – C'est pas à moi de le faire…

GISÈLE. – Tu préfères perdre une pièce plutôt que de bouger ton cul ?

---

1. Pour chaque vêtement terminé, les ouvrières, payées à la pièce (voir note 5, p. 36), rangent un ticket dans une boîte qui leur est réservée ; cela permet au patron de comptabiliser les travaux réalisés et d'établir la paie hebdomadaire.

MARIE. – Si je le fais une fois après il faudra que j'y aille toujours… Mais pourquoi j'ai plus de boulot ?

Simone est revenue, elle s'est réinstallée à sa place.

GISÈLE *lui demande*. – Alors ?

SIMONE. – Ça va, je crois que ça va.

MADAME LAURENCE. – Vous vous êtes bien entendue avec lui ? *(Simone la regarde sans comprendre.)* Vous avez obtenu ce que vous vouliez ?

SIMONE. – Oui, enfin, normal quoi…

GISÈLE. – Vous verrez tout ira bien y a du travail toute l'année ici.

MARIE, *de plus en plus agacée*. – Partout y a du travail ces temps-ci.

GISÈLE. – Justement, raison de plus : ici aussi !…

MARIE. – Comment vous l'avez trouvé notre singe[1] ?

SIMONE. – Normal… enfin… normal…

MIMI, *à Simone*. – Faites des points plus grands[2] maintenant si vous voulez vous en tirer, faut allonger un peu sinon…

HÉLÈNE, *qui vient d'entrer, à Mimi*. – Vous êtes toujours de bon conseil mademoiselle Mimi.

MIMI *éclate de rire*. – Je vous avais pas entendue entrer madame Hélène. Faut remettre vos semelles en bois[3] pour le travail, gardez donc vos caoutchoucs pour le dimanche.

MARIE. – Madame Hélène j'ai fini ma pièce et…

Entre Léon, il est très nerveux.

LÉON, *à Hélène*. – Alors tu leur as dit ?

HÉLÈNE. – Non, j'arrive…

---

1. ***Singe*** : patron (populaire et péjoratif).
2. Il s'agit de gagner du temps en soignant moins le travail.
3. Pendant la guerre, faute de cuir, on portait des semelles en bois, qui faisaient beaucoup de bruit lorsqu'on marchait.

LÉON. – Qu'est-ce que t'attends, alors ?

HÉLÈNE *soupire.* – Je viens pour leur dire, j'arrive je te dis...

GISÈLE. – Qu'est-ce qui se passe monsieur Léon ?

LÉON. – Elle va vous dire, elle va vous dire...

Il sort.

HÉLÈNE, *le rappelant.* – Si t'es déjà là dis-leur toi.

LÉON, *de l'autre pièce.* – Si je te dis de leur dire c'est pas pour que tu me dises toi de leur dire...

HÉLÈNE, *s'adressant aux ouvrières tout en s'affairant et en rangeant dans l'atelier.* – On n'a pas reçu le tissu qu'on devait nous livrer, alors monsieur Léon n'a pas pu couper[1]... les mécaniciens[2] rentrent chez eux... enfin vous finissez ce que vous avez en train et vous rentrez.

MARIE. – Quoi ? *(Hélène est déjà dehors.)* Qu'est-ce qu'elle a dit ?

GISÈLE. – Ça alors... Qu'est-ce que je vais faire moi cet après-midi ?

MIMI. – Tu vas rentrer à la maison voir ton petit homme...

GISÈLE. – Si tu crois que c'est drôle...

MARIE. – Non mais t'as vu : il a pas reçu son tissu, c'est nous qui restons en carafe, il s'en fout lui si on vient pour rien, je traverse tout Paris moi. « Rentrez chez vous ! » C'est organisé ça fait peur.

MADAME LAURENCE. – Bon ben moi mesdames.

Elle se lève, range ses ciseaux dans sa boîte et glisse sa boîte dans le tiroir. Marie et Mimi sortent en se tenant par le bras. Marie râle toujours. Mimi l'imite en riant. Gisèle et Simone restent assises côte à côte, elles finissent leur travail en silence.

---

1. ***Couper*** : couper dans le tissu les différents morceaux qui composent un vêtement. L'art de la coupe consiste à tailler des vêtements qui tombent bien mais aussi à économiser le tissu en répartissant astucieusement les morceaux sur la toile.

2. ***Mécaniciens*** : ouvriers qui travaillent à la machine à coudre.

Scène 2

CHANSONS

Un peu avant midi en 1946. Toutes les ouvrières sont présentes. Le presseur[1] *est à sa table de presse. Gisèle a mal à la tête, elle prend un cachet.*

MIMI. – Qu'est-ce que tu as ?
GISÈLE. – J'ai mal à la tête.
SIMONE. – C'est loin des pieds.

Gisèle essaie d'avaler son cachet. Elle s'y reprend à plusieurs fois.

MIMI. – Ça passe pas ? *(Gisèle fait non de la tête et reboit une gorgée d'eau.)* Elle a le trou du cou étroit.

Marie rit.

GISÈLE, *à Marie.* – Oh ! je t'en prie hein…
MARIE. – Quoi on peut plus rire ?
GISÈLE. – Pas tout le temps.
MARIE. – Avec toi ça fait une moyenne.
GISÈLE. – Je voudrais t'y voir tiens.

Elle se remet à travailler.

MIMI. – Allez n'y pense plus…
GISÈLE. – N'y pense plus j'ai mal à la tête j'te dis…
MIMI. – Chante-nous quelque chose ça te changera les idées. *(Toutes insistent. Gisèle fait non de la tête sans répondre.)* T'es vache merde…

---

1. ***Presseur*** : voir note 2, p. 36.

GISÈLE. – J'ai pas envie de chanter.

MIMI. – Pour moi ma grosse poule…

MADAME LAURENCE. – Elle aime se faire prier…

GISÈLE. – Ben chantez, vous…

MADAME LAURENCE. – Si j'avais votre don ce serait…

GISÈLE. – Oh ça va hein… la pommade[1]…

MIMI, *fredonnant*. – « J'ai deux grands bœufs dans mon étable », allez vas-y… *(Elle reprend.)* « Deux grands bœufs blancs… »

GISÈLE. – Si j'avais deux grands bœufs je serais pas là… *(Un temps puis.)* Les boucheries vont être fermées trois jours par semaine[2]…

MADAME LAURENCE. – Pas pour tout le monde : quand c'est fermé par-devant, ça travaille par-derrière…

MIMI *chante*. – Par-devant, par-derrière
Tristement comme toujours
Sans chichis sans manières
Elle a connu l'amour.

Pendant que Mimi chante, Gisèle poursuit son idée.

GISÈLE. – C'est vrai y en a qui manquent jamais de rien.

MADAME LAURENCE, *en articulant*. – Il y a mais il n'y a pas pour tout le monde !

GISÈLE. – On se demande comment ils font…

MARIE. – Oh eh, vous pouvez pas parler d'autre chose ?

GISÈLE. – Je voudrais t'y voir tiens…

MARIE. – C'est pas pareil pour moi ?

GISÈLE. – T'as pas d'enfant toi !

MARIE. – Et alors ? Madame Laurence non plus… Mimi non plus…

GISÈLE. – C'est facile quand on est jeune va… *(Bref silence.)* Moins de pain qu'en quarante-trois !

---

1. *Pommade* : ici, flatterie.

2. Voir note 2, p. 39.

SIMONE. – Il n'est pas bon leur pain…

GISÈLE. – Ah y a pas à dire : ils sont forts au ravitaillement…

SIMONE. – Il était pas bon non plus pendant la guerre.

GISÈLE. – Oui mais au moins c'était la guerre…

Silence.

MADAME LAURENCE. – Qu'est-ce que je pourrais faire samedi qui soit bon et qui bourre ?…

MIMI. – Des houppettes de cheval…

MADAME LAURENCE. – Allons, allons…

MIMI. – Ben quoi, c'est bon et ça bourre…

MADAME LAURENCE. – On sera huit, mon mari invite…

MIMI, *la coupant.* – Prenez-en deux paires…

Silence.

GISÈLE. – C'est vrai que vous avec votre mari…

MADAME LAURENCE. – Quoi mon mari ?

MIMI. – C'est un travailleur de force[1] non ?

MADAME LAURENCE. – Il a les mêmes droits que tout le monde… les mêmes droits…

Gisèle va dire quelque chose, se contient, soupire et pique le nez dans son travail. Silence. Gisèle tout en travaillant, toujours le nez dans sa veste, se met à chanter machinalement tout bas, pour elle-même. Mimi alerte les autres puis l'accompagne en sourdine d'une manière grotesque. Gisèle s'arrête net. Nouveau silence.

MIMI. – Ben alors ma grande ? Gisou ? Voyons ?

GISÈLE. – Tu crois que je vois pas quand on se fout de moi.

MIMI. – Je te faisais la seconde voix pour faire plus joli.

GISÈLE. – Merci.

---

1. ***Travailleur de force*** : homme qui accomplit un travail manuel physiquement fatigant. Les travailleurs de force avaient le droit à des rations plus importantes.

Toutes insistent de nouveau. Gisèle oppose une résistance butée et muette.

MIMI *propose.* – Gisou, on va toutes se tourner pour pas te gêner, même le presseur va se tourner, OK, presseur de mon cœur, tu tournes la tête hein ? Tu regardes pas l'artiste, allez tournez-vous les filles, là… *(Elles se détournent toutes. Mimi poursuit, la tête vers le presseur.)* Comme ça tu vois, on te regarde même pas et j'te ferai plus la seconde voix puisque t'aimes pas ça.

Silence. Rien ne bouge, elles sont toutes tournées, seule Gisèle est dans sa position habituelle, elle semble absolument opposée à l'idée de chanter quoi que ce soit dans les jours prochains. Les ouvrières continuent à travailler, cherchant à tâtons leurs ciseaux ou leurs bobines sur la table pour ne pas retourner la tête vers Gisèle. Le presseur, lui, repasse, la tête à peine tournée. Brusquement Gisèle démarre. C'est une chanson très sentimentale qu'elle chante d'une voix forte et bien timbrée. Marie et Mimi résistent au rire tant qu'elles peuvent. Elles cèdent enfin entraînant madame Laurence puis Simone. Mais déjà Gisèle s'est arrêtée au milieu d'une note. Elle travaille maintenant en silence avec une énergie farouche.

MIMI. – Ben pourquoi tu t'arrêtes ? *(Gisèle ne répond pas.)* Qu'est-ce qu'il y a encore ?

GISÈLE. – On se fout de moi…

MIMI. – Pas du tout, on était remuées même…

GISÈLE, *pointant ses ciseaux vers Marie.* – Elle, elle, elle, elle se fout de moi… *(Marie éclate de rire.)* Ah bien sûr, c'est pas swing[1], c'est pas zazou[2]… *(Elle fredonne menaçante.)* « Y a des zazous dans mon quartier, boum boum tralala tsoin-tsoin » ça c'est bien ça c'est fin.

MARIE. – J't'ai rien dit.

---

1. ***Swing*** : voir note 2, p. 41.
2. ***Zazou*** : digne des « zazous », nom donné pendant la Seconde Guerre mondiale et dans les années qui suivirent à des jeunes gens qui se signalaient par leur goût prononcé pour le jazz américain et par leur élégance tapageuse.

GISÈLE. – Dès que je chante elle se fout de moi alors... T'as qu'à les chanter toi tes conneries d'agitée, au lieu de laisser chanter les autres, c'est facile de se moquer.

Elle imite de nouveau une chanson « zazou » d'une voix nasillarde.

MARIE. – Qu'est-ce qu'elle a ?

MIMI. – C'est vrai Gisou qu'est-ce que t'as, t'as bouffé du cheval ?

GISÈLE. – C'est pour ça que tout va mal, vous vous foutez de tout maintenant, ça pousse des cris d'échappées du zoo, ça se trémousse, ça respecte rien, ça sait même pas travailler...

Mimi sifflote la chanson que Gisèle a interrompue.

MARIE, *à Gisèle.* – Qu'est-ce que tu dis ?

GISÈLE. – Les jeunes savent même plus coudre, voilà ce que je dis et je suis pas la seule à le dire crois-moi...

MARIE, *à demi levée.* – Arrête, hein, arrête...

GISÈLE. – Non mais dis donc merdeuse... C'est pas toi qui...

Marie se lève, laisse tomber sa pièce, saisit le bord de la table qu'elle soulève légèrement, tout roule dessus.

MARIE, *hurlant.* – Arrête je te dis arrête !

Gisèle se lève à son tour. Mimi, Simone et madame Laurence continuent à coudre tout en tentant de retenir les bobines qui roulent sur la table. Le presseur a posé son fer, il s'approche et tente de plaisanter.

LE PRESSEUR. – Battez-vous, tuez-vous, mais surtout vous faites pas de mal...

MARIE. – Vous ça va, on vous a pas sonné...

Le presseur bat en retraite. Les mécaniciens[1] *passent la tête par la porte et s'informent. Gisèle cède la première : elle lâche son travail et sort en*

1. ***Mécaniciens*** : voir note 2, p. 48.

courant, en bousculant les mécaniciens. Marie lâche la table et se laisse retomber sur son tabouret. Les mécaniciens insistent.

LES MÉCANICIENS. – Alors qu'est-ce qui se passe ?

MIMI, *leur hurle.* – Vous nous lâchez le burnous [1] ? Y a rien, rien, on veut pas de bonshommes ici, on vient pas vous les casser dans votre gourbi [2] non, c'est formidable ça… *(Les mécaniciens battent en retraite. Marie soudain s'écroule en larmes sur la table, elle se ressaisira très vite et reprendra bientôt son travail.)* C'est gai y en a une qui chiale dans les chiottes et une qui chiale ici, merde ! *(Madame Laurence désapprouve en secouant la tête et en sifflant entre ses dents.)* Arrêtez ça m'agace !

Madame Laurence continue sans relever. Silence.

SIMONE. – Y a des jours où rien ne va même le fil casse tout le temps…

Mimi finit sa pièce. Elle n'en prend pas d'autre. Elle fouille dans son cabas, en sort sa gamelle et conclut.

MIMI. – C'est pas ça qui va me couper l'appétit… Bien chaud, bien parisien hein…

Elle tend sa gamelle au presseur qui ôte son fer du réchaud à gaz [3] et installe la gamelle à la place.

LE PRESSEUR. – Y en a d'autres ?

Madame Laurence apporte la sienne. Marie jette sa pièce, se lève et en sortant grogne.

---

1. ***Vous nous lâchez le burnous ?*** : vous nous laissez tranquilles ? (familier).

2. ***Gourbi*** : habitation rudimentaire en Afrique du Nord ; ici, pièce un peu étroite dans laquelle travaillent les mécaniciens.

3. À cette époque, les fers à repasser ne sont pas électriques. Ils sont en fonte, munis d'une poignée en bois. On les chauffe en les posant sur une source de chaleur, ici un réchaud à gaz.

MARIE. – Je mange en bas.

Elle est déjà dehors. Madame Laurence, Simone et Mimi commentent par gestes la sortie de Marie.

MIMI *conclut.* – Ben dis donc…

MADAME LAURENCE, *à Simone.* – Vous avez encore rien amené de chaud ?

SIMONE. – J'ai pas eu le temps de préparer.

MADAME LAURENCE. – Vous avez pas eu le courage oui…

MIMI. – Faut bouffer merde… Sinon…

MADAME LAURENCE. – Faut manger du gras !

Mimi et madame Laurence installent leur semblant de couverts sur leur coin de table ; en attendant que leurs gamelles chauffent elles se remettent à travailler. Simone a également terminé sa pièce, elle sort un petit paquet de son sac et s'installe pour grignoter. Madame Laurence à Simone.

MADAME LAURENCE. – Je vais vous faire goûter…

MIMI. – C'est un jour sans ou un jour avec, madame Laurence ?

MADAME LAURENCE. – Même quand c'est sans je m'arrange pour que ce soit comme avec.

MIMI. – Tiens donc ?

MADAME LAURENCE *explique tout en faisant goûter à Simone.* – Quand je fais un ragoût, même si j'ai pas de viande je mets quand même quelques brins de sauge, comme ça, après, quand ça remonte, c'est le goût du gigot qui revient…

MIMI. – Et quand vous pétez ?

MADAME LAURENCE, *pincée.* – Je vous en prie, on est à table…

Gisèle revient. Puis découvrant le tabouret vide de Marie.

GISÈLE. – Où elle est passée ?

MADAME LAURENCE. – Elle mange en bas…

GISÈLE. – Eh ben y en a qui se refusent rien…

MIMI. – Oh oh…

Elle fait signe à Gisèle de la boucler. Gisèle hausse les épaules. Elle sort également sa gamelle et la porte au presseur.

LE PRESSEUR. – Faut faire deux services alors ?

Gisèle ne répond rien, elle remplit une bouteille vide au robinet derrière la table de presse et la porte sur la table.

GISÈLE. – On devrait se cotiser et s'acheter du lithiné[1], comme ça on se ferait de l'eau qui pique à volonté...

MIMI. – Achète, achète, si t'as du pognon à foutre en l'air...

GISÈLE. – Moi je suis pas pour faire des économies question santé...

Elles sont maintenant toutes installées et mangent. Dans la cour une voix se fait entendre. Un homme chante Les Roses blanches. *Elles écoutent en mangeant. Madame Laurence a ouvert la fenêtre. Simone qui a fini la première se lève et s'installe à la fenêtre, elle se penche pour mieux le voir. Mimi et Gisèle s'agitent.*

MIMI. – On lui met des boutons ?

MADAME LAURENCE. – Non, non, allons, pauvre homme...

MIMI. – On lui met vingt ronds[2] et des boutons, ça fera plus de bruit...

Simone est rejointe par Gisèle puis par Mimi qui jette le petit paquet de sous et de boutons enveloppés dans un bout de papier journal. La voix interrompt la chanson pour crier :

LA VOIX. – Merci m'sieu dames.

Simone s'est réinstallée et a repris une nouvelle pièce. Mimi s'accorde cinq minutes de détente après le repas, elle fume une cigarette tout en observant les autres qui travaillent, elle fixe avec surprise Simone qui pleure tout doucement.

---

1. ***Lithiné*** : oxyde de lithium, dont on se sert pour faire de l'eau gazeuse.
2. ***Ronds*** : sous (familier).

Scène 3

La sélection naturelle[1]

Une fin d'après-midi en 1946. Toutes les ouvrières sont présentes. La table de presse[2] est inoccupée.

SIMONE. – Hier un type m'a suivie.

MIMI. – Non ? Avec la gueule que tu fais quand tu marches seule…

GISÈLE. – Laisse-la parler.

MIMI. – Je l'ai croisée l'autre jour, j'ai eu peur, ma parole, la vraie souris grise : une deux une deux.

SIMONE. – Justement, hier, je sors de la Croix-Rouge[3], fallait que je leur dépose une photo…

MARIE. – De vous ?

SIMONE. – Non de mon mari, ça m'ennuie parce que j'en ai plus beaucoup à force d'en laisser… Enfin… comme d'habitude je cours, je regarde pas devant moi, je fais la queue, c'est mon tour, hop je suis déjà dehors, là, je me cogne dans un type…

MARIE. – Comment il était ?

SIMONE. – Un type quoi… Je m'excuse, il s'excuse, on bafouille et je sais pas j'ai dû lui sourire machinalement.

---

1. Référence à la sélection opérée sur les déportés : selon leur âge, leur corpulence et leur santé, ces derniers étaient envoyés dans des camps de concentration pour y effectuer des tâches pénibles ou dans des camps d'extermination. L'emploi est ironique.

2. ***Table de presse*** : machine utilisée pour repasser les étoffes.

3. La Croix-Rouge s'occupait de l'identification des déportés et, si possible, organisait leur retour.

GISÈLE. – Ah là là ! Jamais sourire… Jamais… faut insulter…

SIMONE. – J'avais souri, c'était fini, j'étais foutue, je pouvais plus m'en dépêtrer et blablabla et blablabla…

MARIE. – Qu'est-ce qu'y vous disait ?

SIMONE. – Est-ce que je sais moi, j'écoute pas…

MADAME LAURENCE. – Il était grossier ?

SIMONE. – Quand même pas, il me parlait de mes yeux… des bêtises quoi… total j'osais plus sortir du métro…

MARIE. – C'était dans la rue ou dans le métro ?

SIMONE. – Il a bien fallu que je prenne le métro pour rentrer.

GISÈLE. – Il t'a suivie dans le métro ?

MADAME LAURENCE. – Y en a qu'ont vraiment rien à faire.

SIMONE. – C'est ce que je lui ai dit : Vous avez pas autre chose à faire ?

GISÈLE. – Tu lui as parlé ? Ah là là ! Jamais parler…

SIMONE. – J'ai fini par avoir peur… j'osais pas descendre à ma station…

MARIE. – Y avait du monde dans ce métro ?

SIMONE. – Pas trop heureusement dis donc…

MIMI. – Et qu'est-ce qu'il pouvait te faire ? Un gosse dans le dos à travers ton manteau ?

SIMONE. – T'es bonne toi… j'aurais voulu t'y voir…

GISÈLE. – Pas de danger c'est elle qui leur colle au train et c'est eux qui se débinent pour pas se retrouver fils père…

MARIE. – On peut rencontrer des gens bien : moi, je dis à tout le monde que c'est au bal. C'est pas vrai, c'est dans l'autobus… À force de prendre le même tous les jours. Alors, qu'est-ce qui s'est passé ?

SIMONE. – J'ai dit à un agent qu'il y avait un type qui me…

MIMI. – Et après c'est l'agent qui t'a fait chier ?

MADAME LAURENCE. – Ils sont pas comme ça…

MIMI. – Ouais, ben moi pardon, d'un flic j'aurais les jetons, d'un bonhomme qui me parle de mes yeux non !…

MADAME LAURENCE. – Ils sont pas comme ça, ils rendent service…

MIMI. – On lui dira, hein…

GISÈLE. – C'est comme dans tout il doit y avoir du bon et du mauvais…

Pendant que Mimi fait…

MIMI. – Gnan, gnan, gnan.

Madame Laurence approuve Gisèle.

MADAME LAURENCE. – Exactement !

SIMONE. – Ceux qui sont venus en quarante-deux ils étaient plutôt du genre serviable : il y en a un qui a insisté pour me porter mon baluchon jusqu'au commissariat.

GISÈLE. – On vous a arrêtée ?

SIMONE. – C'est pas moi qu'ils voulaient c'était mon mari. Mais comme il était pas là ils m'ont emmenée à sa place avec les gosses au commissariat, juste sous la mairie du dixième[1]… Là, le commissaire, très gentil aussi, a regardé mes papiers et m'a dit de rentrer à la maison, qu'on n'arrêtait pas les Français, ils avaient pas d'ordre pour ça…

MADAME LAURENCE. – Votre mari lui n'était pas français ?

Simone fait non de la tête.

MIMI. – Ben dis donc on peut dire que t'as eu chaud aux plumes ma poulette.

SIMONE. – Alors j'ai repris vite fait mon petit baluchon, les deux mômes et… seulement le grand voulait pas partir comme ça, il était pas content : « Y a personne pour porter le paquet de maman ? » Il criait : « On nous fait venir pour rien. » Je l'ai tiré par le bras, j'ai bien cru que je le lui arrachais, on est rentrés en courant…

1. C'est-à-dire du Xe arrondissement de Paris.

Elle rit, toutes rient.

GISÈLE, *s'essuyant les yeux.* – Pauvre mignon…

SIMONE. – En rentrant, y a qu'une chose que j'ai pas retrouvée c'est une grosse montre gousset que mon mari tenait de son père et qui était toujours posée sur le buffet de la cuisine.

MIMI. – C'est l'une des chaussettes à clous[1] qui te l'a chouravée…

SIMONE. – Ça m'a étonnée parce qu'ils étaient plutôt du genre bien, serviables et tout… C'est pas comme ceux qui sont venus après et qui ont pris mon mari : ils ont défoncé la porte à coups de pied !

MARIE. – Pourquoi ils ont fait ça ?

SIMONE. – Ils ont frappé, on n'a pas ouvert, alors… Le gérant dit que c'est à moi de refaire faire la porte, je l'ai déjà fait réparer mais forcément on voit encore la trace, c'est pas comme une porte neuve… Paraît que ça choque dans l'escalier… Ferait mieux de refaire les peintures oui, ça s'écaille de partout… enfin…

Silence.

MARIE. – Et ce type alors ?

SIMONE. – Quel type ?

MARIE. – Le type, comment il était ?

SIMONE, *évasive.* – Un type…

MARIE. – Jeune ?

SIMONE. – Normal…

MADAME LAURENCE. – Fallait lui dire que vous aviez des enfants, que vous étiez pressée, il y a toujours un moyen de leur montrer…

SIMONE. – J'ai fait que ça : je lui ai dit j'ai deux grands enfants ; j'adore les enfants qu'y me répond !

---

1. ***Chaussettes à clous*** : l'expression désigne ici la police française, responsable de l'arrestation du mari de Simone.

GISÈLE. – Merde alors !

MADAME LAURENCE. – Tout dépend du ton…

SIMONE. – Qu'est-ce que ça veut dire ?

MADAME LAURENCE *répète*. – Tout dépend du ton.

Bref silence.

SIMONE. – J'ai rien fait de mal vous savez…

MIMI. – Laisse pisser c'est tout rance[1]…

MADAME LAURENCE. – C'est curieux ça ne m'arrive jamais à moi ! *(Mimi s'écroule de rire.)* Riez riez, ils sentent tout de suite à qui ils ont affaire allez…

SIMONE. – J'ai fait que lui dire qu'il perdait son temps ! Qu'est-ce que je pouvais faire d'autre ?

MADAME LAURENCE. – Personne ne vous accuse voyons.

SIMONE. – Elle m'énerve à la fin…

GISÈLE. – Faut jamais leur répondre, faut insulter je te dis, insulter…

Silence. Elles travaillent maintenant avec une grande énergie, se dépêchant de finir les pièces pour partir. La nuit est tombée. Une à une, après avoir terminé, elles rangent leur pièce, elles rangent leurs affaires, certaines comptent leurs tickets puis elles se changent et sortent. Hélène est entrée, s'est installée devant sa table d'entoilage[2] et s'est mise au travail pendant le départ des ouvrières. Sur la table de presse une pile de vêtements non repassés. Hélène, une fois la dernière ouvrière sortie, s'arrête un instant de bâtir ses toiles et se met à ranger. Visiblement elle est mécontente. Elle trie les boutons qui sont mélangés, range les bobines, plie des vestes inachevées, accroche certains vêtements qui traînent. Léon entre, il jette un œil sur la table de presse.

LÉON. – Il est pas venu de la journée ?

HÉLÈNE. – Qui ?

---

1. ***Laisse pisser c'est tout rance*** : ignore-la, elle est pleine de mauvais sentiments.

2. ***Table d'entoilage*** : table sur laquelle on bâtit le tissu (voir note 2, p. 37).

Léon montre la table de presse. Hélène hausse les épaules.

LÉON. – Faut lui dire de venir à des heures régulières, soit le matin, soit l'après-midi… Qu'on sache quand on peut compter sur lui…

HÉLÈNE. – Dis-lui toi.

Elle s'est remise devant sa table à bâtir.

LÉON. – Pourquoi ? Pourquoi moi ? *(Silence.)* Qu'est-ce que ça veut dire : dis-lui toi ?

Silence.

HÉLÈNE, *tout en travaillant.* – Si t'as des choses à lui dire tu lui dis un point c'est tout.

LÉON. – Il repasse pas bien, il travaille mal, j'aurais pas dû le prendre ?

Silence.

HÉLÈNE, *avec difficulté.* – Je peux pas le regarder…

LÉON. – Le regarde pas… Parle sans le regarder… *(Un temps.)* Bon, bon, ça va, ça va… je lui dirai, je lui dirai… *(Il va pour sortir puis revient sur ses pas et poursuit.)* C'est terrible, alors parce qu'il a été déporté il doit pas travailler, qu'est-ce que ça veut dire ? « Je peux pas le regarder » qu'est-ce que ça veut dire ? C'est un homme comme un autre oui ou non ? *(Hélène ne répond pas.)* Qu'est-ce qu'il a, qu'est-ce qu'il a ? Il est fort comme un Turc, toute la journée il a un fer de cinq kilos dans les mains, quand il repasse pas ici il fait la petite presse[1] chez Weill[2] et je suis sûr qu'il a une troisième place pour le soir et une quatrième pour la nuit… La seule chose : je veux qu'il me dise quand il est chez Weill et quand il est ici, c'est tout… c'est

---

1. ***Il fait la petite presse*** : il s'occupe des petits travaux de repassage (voir note 2, p. 36).
2. ***Weill*** : nom d'une grande entreprise de confection.

tout. Que j'aie rien que des ouvriers comme lui, voilà ce que je me souhaite, en fer, il est en fer, jamais un mot, jamais une réflexion, il sait ce que c'est que travailler va, t'en fais pas, ceux qui sont revenus d'là-bas ils savent… C'est ça la sélection naturelle madame… *(Hélène ne dit rien, elle s'est arrêtée de travailler, elle sort brusquement en s'essuyant les yeux. Léon la suivant.)* Et voilà, et voilà… va discuter sérieusement avec elle…

Il sort en éteignant les lumières.

Scène 4

La fête

En 1947. Une fin d'après-midi, tout le monde est au travail. Marie et Gisèle, après avoir regardé l'heure, se lèvent et mettent en place pour la fête.

GISÈLE, *à celles qui travaillent encore.* – Allez, allez, on s'arrête. *(Puis, poussant la table contre le mur.)* Dégagez, faut qu'on installe.

MIMI. – Tu permets, oui, que je finisse ma pièce !

SIMONE, *se levant.* – Tu finiras demain.

MIMI, *continuant à travailler avec acharnement.* – Elle parle à n'importe qui dans l'autobus, et moi je devrais perdre une pièce !

MARIE *arrache en riant le travail des mains de Mimi.* – Allez, arrête !

MIMI. – Mais elles me font chier à la fin, est-ce que je me marie, moi ?

Pendant ce temps, madame Laurence s'est levée, a ôté sa blouse et enfilé son manteau.

MARIE, *tout en se remaquillant.* – Qu'est-ce que vous faites madame Laurence ?

MADAME LAURENCE. – Je rentre mon petit.

MARIE. – Vous restez pas pour…

MADAME LAURENCE. – Je choisis malheureusement pas les gens avec qui je travaille, mais quand il s'agit de plaisir… j'estime…

MIMI. – Question plaisir, ça doit pas lui arriver souvent de choisir.

GISÈLE, *qui se passe un coup de peigne.* – Voyons madame Laurence tout le monde vous aime bien ici.

MADAME LAURENCE. – Taratata, je sais ce que je sais.

MARIE. – Restez pour moi, ça me ferait tellement plaisir.

MADAME LAURENCE. – Je vous souhaite bien du bonheur mon petit, et tout et tout, mais j'ai fini ma journée et j'ai un train à prendre.

MIMI, *s'arrangeant aussi.* – Laisse-la donc, si madame est trop fière pour trinquer avec nous.

SIMONE, *après s'être remaquillée également.* – Madame Laurence si on profite pas de ces occasions-là pour faire la paix !

GISÈLE. – Bien sûr c'est pas un jour à faire la gueule !

MADAME LAURENCE. – Tant qu'il y en aura qui parlent dans mon dos !

Elle hésite près de la porte.

GISÈLE, SIMONE et MARIE. – Pensez donc ! Allons donc ! Elle se fait des idées, c'est terrible !

MIMI, *à madame Laurence.* – C'est pour moi que vous dites ça ?

SIMONE. – Elle a pas parlé de toi, voyons !

MIMI. – C'est pour moi que vous dites ça ?

MADAME LAURENCE. – Qui se sent morveuse...

MIMI. – C'est par politesse que je parle dans ton dos, figure-toi.

MADAME LAURENCE. – Figurez-vous que j'aime pas ça, et comme on n'a pas gardé les cochons ensemble, je vous prierai...

MIMI, *la coupant.* – Ce que t'as gardé ou pas...

GISÈLE. – Allons, allons, serrez-vous la main, et qu'on n'en parle plus.

MIMI. – Moi lui serrer la main ! Non mais dis donc, tu m'as pas regardée, je suis une femme honnête, moi.

MADAME LAURENCE. – Ça, c'est vite dit !...

MIMI. – Bon ça y est c'est parti : tu veux savoir en face ce que je pense de toi par-derrière ?

MADAME LAURENCE. – Je m'en contrefiche figurez-vous, bonsoir.

MIMI, *l'empêchant de sortir.* – Ah non, ah non ! Ce serait trop facile, elle sème sa merde, elle fout notre fête en l'air et elle partirait la tête haute ?

Elle la repousse au centre de l'atelier.

MADAME LAURENCE, *reculant, hystérique.* – Ne me touchez pas !

SIMONE. – Mimi ! Madame Laurence !

MIMI. – Tu veux le savoir ce qu'on pense : on en a marre de tes airs, on en a marre, t'entends ?... Autre chose que t'as intérêt à te mettre dans le crâne : c'est que t'es pas née avec ce tabouret dans le cul !

MADAME LAURENCE. – Mais qu'est-ce qu'elle dit, qu'est-ce qu'elle dit ? Laissez-moi sortir...

MIMI *poursuit.* – Pendant qu'on se crève les yeux, toute l'année à la lumière électrique, madame est près de la fenêtre par droit divin ! Non mais...

MADAME LAURENCE. – C'est ma place, je n'ai aucune raison d'en changer, je n'en changerai pas.

MIMI. – Demain, c'est mes féfesses à moi qui seront posées là. Moi aussi, j'ai le droit de faire de l'œil au pipelet[1] de temps en temps, non ?

MADAME LAURENCE. – Quoi ?

Léon entre affolé, Hélène le suit, elle est habillée et maquillée.

LÉON. – Qu'est-ce qui se passe encore ?

MADAME LAURENCE. – Monsieur Léon, monsieur Léon, ça y est ça recommence.

---

1. ***Pipelet*** : concierge (familier).

LÉON. – Qu'est-ce qui recommence ?

MADAME LAURENCE, *montrant Mimi.* – Elle veut prendre ma place.

MIMI. – Pourquoi elle est collée à la fenêtre, pourquoi c'est pas chacune notre tour ?

GISÈLE. – Une semaine l'une, une semaine l'autre, ça serait quand même plus normal, non ?

MADAME LAURENCE. – Vous voyez, vous voyez, elles s'y mettent toutes.

LÉON. – Quelle affaire d'être près de la fenêtre ou pas près de la fenêtre, c'est plein de courants d'air non ?

MIMI. – Justement on a peur qu'elle prenne mal.

GISÈLE. – On veut pouvoir respirer aussi.

MIMI. – On voit rien monsieur Léon dans votre saloperie d'atelier. On se crève les yeux, vous savez ce que c'est ? Et madame aurait le monopole de la fenêtre et de la lumière au soleil.

LÉON. – Mais qui parle de soleil, y a jamais de soleil, dans cinq minutes peut-être il va pleuvoir…

MIMI. – Pour ouvrir faut la supplier, madame a froid, et quand on veut fermer, madame est dans ses jours, elle a ses vapeurs, merde à la fin !…

GISÈLE. – Et puis elle profite pour regarder dehors et elle ne veut jamais nous raconter. Là tant pis je l'ai dit je m'excuse mais…

LÉON, *ouvrant la fenêtre, et regardant dehors.* – Mais y a rien, rien à voir, c'est la cour, la cour ; y a rien, absolument rien !

MIMI. – Justement, on veut voir, nous-mêmes.

LÉON. – Bon, bon, ça va, ça va, j'ai compris ; on me dit c'est la fête, on s'arrête plus tôt parce que Marie se marie, je dis d'accord, pourquoi pas ! Je suis pas un chien non, on est civilisé, total c'est la révolution ! Alors, si c'est comme ça, plus de fête, tout le monde assis, au travail !

MIMI, *le coupant, criant plus fort.* – On veut un autre éclairage, on veut plus se crever les yeux et on veut plus de favoritisme, ici…

ça suffit… Ça va comme ça… Et puis on veut plus de vos pourritures de tabourets, on veut des chaises, là !…

MADAME LAURENCE, *bas à Léon.* – Monsieur Léon, elles m'en veulent parce que mon mari est fonctionnaire. Voilà la vérité, mais dites-le donc, jalouses !

GISÈLE. – Oui, monsieur Léon, des chaises !

SIMONE. – Mais qui parle de votre mari madame Laurence, qui ?

MADAME LAURENCE. – Oui, mon mari est fonctionnaire, parfaitement et j'en suis fière !

MIMI *chante.* – Maréchal[1] nous voilà,
C'est toi le sauveur de la France.

MADAME LAURENCE *avance sur elle les poings serrés.* – Et alors, et alors !

Bref silence. Mimi lui tourne le dos et se retient d'éclater de rire.

LÉON. – Bon, c'est fini maintenant, c'est fini ?

MIMI, *à Gisèle.* – C'est plus dans son dos comme ça !

MADAME LAURENCE. – Vous en aviez dit bien d'autres que vous oseriez pas répéter.

MIMI. – Chiche ?

LÉON. – Ça suffit maintenant, ça suffit !

MARIE, *au bord des larmes.* – Vous êtes méchantes, pour une fois que je me marie.

LÉON. – Bien fait, ça t'apprendra à faire des chichis et des tralalas… Résultat on perd une heure et on pleure…

Madame Laurence est entraînée par Hélène et Simone.

HÉLÈNE. – Restez, faites plaisir à la petite.

MADAME LAURENCE. – Non, non et non, qu'on m'insulte moi… *(Elle a un geste d'indifférence.)* Mais qu'on insulte mon mari, non !

---

1. ***Maréchal*** : maréchal Pétain. Il s'agit d'un chant en son honneur. Mimi suggère que le mari de sa collègue a été collaborateur.

La France et la collaboration *

Le 30 octobre 1940, le maréchal Pétain annonce dans un discours radiodiffusé que l'État français collaborera avec l'Allemagne nazie triomphante, officialisant le ralliement du régime de Vichy aux idéaux et ambitions politiques du IIIe Reich. Héros de la Première Guerre mondiale, Pétain a alors le soutien d'une grande partie des Français.
Si la collaboration fut politique, économique et idéologique, elle intervint également dans la sphère privée, notamment par l'envoi de lettres anonymes à la Gestapo dénonçant des Juifs.

© SZ Photo / Scherl / Bridgeman Images

▲ **Photographie de la poignée de main entre Hitler et Pétain, à Montoire (1940).**
Philippe Pétain rencontre Adolf Hitler le 24 octobre 1940 à la gare de Montoire-sur-le-Loir. Par cette poignée de main, le maréchal symbolise la coopération de la France avec l'Allemagne nazie.

▶ **Serge Smulevic (1921-2010), *Papon* (1997).**
Maurice Papon (1910-2007) est nommé secrétaire général de la préfecture de Gironde en juin 1942. Après la guerre, il continue sa carrière dans la fonction publique : il est élu député en 1968, puis nommé ministre du Budget en 1978 sous la présidence de Valéry Giscard d'Estaing. Ce n'est qu'en 1981 que l'hebdomadaire satirique *Le Canard enchaîné* publie des documents qui semblent prouver sa responsabilité dans la déportation de milliers de Juifs vers le camp de Drancy. Il est alors accusé puis condamné pour crimes contre l'humanité. Lors de son procès à Bordeaux, en 1997, Serge Smulevic, un artiste juif rescapé d'Auschwitz, fait partie des témoins. Le dessinateur réalise une caricature de Maurice Papon, qui reprend l'argument principal de la défense...

© Collection privée SMULEVIC

* Voir Dossier, page 148-150.

Dès 1933, les Juifs sont persécutés dans l'Allemagne hitlérienne. En France, la première loi sur le « statut des Juifs », promulguée en octobre 1940 et suivie d'un second statut en juin 1941, leur interdit plusieurs secteurs d'activité professionnelle tels que le cinéma, la presse ou la fonction publique. À partir de 1942, le port de l'étoile jaune est obligatoire et les rafles se multiplient.

▲ Photographie d'un parc à jeux (novembre 1942). Sous le régime de Vichy, les Juifs sont progressivement exclus de l'espace public et traités comme des parias, comme le montre cette photographie.

▶ Institut d'étude des questions juives, *Le Chancre qui a rongé la France*, extrait d'un dépliant antisémite distribué pendant la Seconde Guerre mondiale (1941). La vignette reprend des thèmes courants de la littérature antisémite de l'époque. Le Juif, représenté avec un nez crochu, est désigné comme un envahisseur pour justifier les lois antijuives instaurées par le régime de Vichy.

Après l'horreur : la nouvelle génération *

Au lendemain de la découverte des camps de la mort, de nombreux penseurs jugent toute tentative de création artistique vouée à l'échec : le philosophe allemand Theodor W. Adorno (1903-1969) déclare ainsi dans son article « Critique de la culture et société » (1949) qu'« écrire un poème après Auschwitz est barbare ». Mais nombreux sont ceux qui pensent que l'art seul peut et doit témoigner de l'inconcevable et de l'irreprésentable. Les artistes contemporains dont les œuvres sont reproduites ici explorent et immortalisent, chacun à leur manière, l'épisode douloureux de la Shoah.

▶ Myriam Smulevic, dite Sala, *Le Survivant* (2004). Fille du dessinateur Serge Smulevic (voir p. 1 du cahier photos), l'artiste-peintre Sala a évoqué l'expérience de son père dans de nombreux dessins et poèmes.

▼ Shimon Attie (né en 1957), Almstadtstrasse / coin Schendelgasse, *Slide projection of former religious book salesman, 1930* (« Projection d'une diapositive qui représente un ancien marchand de livres religieux »), 1992. En 1991 et 1992, l'artiste américain Shimon Attie a projeté de nuit, dans l'ancien quartier juif de Berlin, plusieurs photographies de devantures de boutiques juives datant des années 1930. En les faisant apparaître à l'endroit où elles avaient été prises, il réintroduit des fragments du passé dans la ville et fait brièvement revivre la communauté juive berlinoise décimée dans les années 1940.

* Voir Dossier, page 150-152.

▲ **Christian Boltanski (né en 1944), *Personnes* (2010), Paris, Grand Palais.**
L'œuvre de l'artiste Christian Boltanski, né à Paris à la fin de la Seconde Guerre mondiale d'un père juif d'origine russe et d'une mère chrétienne, est profondément marquée par la mémoire de l'Holocauste. Son installation monumentale *Personnes*, créée en 2010 dans la nef du Grand Palais, confronte les spectateurs à cette tragédie en les immergeant dans un décor qui évoque l'absence des disparus. Le public doit d'abord contourner un mur de casiers rouillés numérotés, avant de déambuler dans une immense salle, plongée dans le froid, au milieu d'amas de vêtements éparpillés au sol, qu'une grue saisit pour les déposer sur un gigantesque monticule.

Création Studio Flammarion

SIMONE. – Personne n'a parlé de votre mari, madame Laurence, on l'a même jamais vu cet homme-là.

MADAME LAURENCE. – Manquerait plus que ça. *(À voix basse à Hélène.)* Il a sauvé des Israélites[1], lui, vous savez.

HÉLÈNE. – Bien sûr, bien sûr.

MADAME LAURENCE. – Et pas comme certains, pour de l'argent, non non.

SIMONE. – Allez, enlevez votre manteau, vous aurez froid en sortant.

Madame Laurence se laisse ôter son manteau et poursuit à voix basse :

MADAME LAURENCE. – Il allait même en prévenir avant.

HÉLÈNE. – Mais qui pense encore à tout ça, madame Laurence, qui pense encore à tout ça...

MADAME LAURENCE. – Il a pris des risques, lui...

LÉON. – Hélène, et les mécaniciens, qu'est-ce qu'ils font ?

MIMI. – Ah non, pas les bonshommes, c'est interdit aux bonshommes, ici.

LÉON. – Et moi alors ?

MIMI. – Vous vous êtes pas un homme, vous êtes un singe[2]. Il veut une banane Jacquot ?

LÉON. – Ah ! ah ! ah ! Et le presseur, c'est pas un homme non plus !

Le presseur excuse d'un geste sa présence...

MIMI. – Dans un harem faut toujours un eunuque[3]...

Entrent les mécaniciens.

LES MÉCANICIENS. – Alors, c'est ici qu'on se soûle ! Qui régale ?

LÉON. – C'est Marie qui se marie. Alors...

---

1. ***Israélites*** : descendants d'Israël, Juifs.
2. ***Singe*** : voir note 1, p. 47.
3. ***Eunuque*** : homme châtré, qui garde les femmes dans un harem.

HÉLÈNE. – La petite presse est partie, on avait oublié de le prévenir…

Les mécaniciens continuent en entourant Marie.

LES MÉCANICIENS. – La seule baisable, on nous la pique… Où il est ton gigolo[1], Marie, hein ?…

Pendant que Gisèle et Marie sortent les bouteilles, Simone va chercher le cadeau. Puis après avoir attendu le silence :

SIMONE. – Au nom de tous mes camarades…

Marie éclate en sanglots et embrasse Simone.

MARIE. – Fallait pas, fallait pas.

SIMONE, *sanglote aussi en serrant très fort Marie, tout en répétant.* – Sois heureuse, sois heureuse.

MIMI. – Ça y est, c'est parti, les grandes eaux. Musique, merde, musique.

Elle chante. Tous et toutes embrassent Marie qui pleure devant son paquet défait.

MADAME LAURENCE. – Moi aussi j'ai donné pour le cadeau, ma petite, tous mes vœux.

MARIE *l'embrasse très fort.* – Merci, merci.

Léon revient en courant avec un tourne-disque et quelques disques. Il en met un, c'est un tango en yiddish[2].

MIMI. – Qu'est-ce que c'est que ça ?

LÉON. – Un tango. Vous connaissez pas le tango ?

SIMONE, *expliquant à Marie et Gisèle.* – Non, c'est pas de l'allemand, c'est du yiddish.

Elle traduit en pleurant de rire les paroles très vulgaires du tango.

---

1. ***Gigolo*** : jeune amant qui se fait entretenir par une femme.
2. ***Yiddish*** : langue des Juifs ashkénazes.

GISÈLE. – C'est quoi le yiddish ?

SIMONE. – Ce que parlent les Juifs.

GISÈLE. – Et tu le parles toi ?

SIMONE. – Oui.

GISÈLE. – T'es juive alors ?

SIMONE. – Ben oui.

GISÈLE. – Ben oui, je suis bête, c'est vrai... c'est drôle.

SIMONE. – Qu'est-ce qu'il y a de drôle ?

GISÈLE. – Rien. Je savais que monsieur Léon l'était, sa femme aussi. Mais toi... j'arrive pas à m'y faire... C'est... c'est bizarre non, pourtant vrai t'es... Au fait tu pourrais peut-être me dire alors ce qu'il y a réellement eu entre vous et les Allemands pendant la guerre ? *(Simone reste sans voix. Gisèle poursuit.)* Je veux dire... comment t'expliques, que vous les Juifs et eux les Allemands... Pourtant c'est... je m'excuse, mais comment dire ? Y a beaucoup de, de points communs, non ? J'en parlais avec mon beau-frère, l'autre jour, lui me disait : Juifs et Allemands avant-guerre, c'était pour ainsi dire kif-kif[1]...

Simone ne répond pas, elle regarde Gisèle.

LÉON, *tout en dansant avec Marie, pousse le presseur vers Simone.* – Tu sais danser ?

LE PRESSEUR. – Moi ?

LÉON, *le jetant dans les bras de Simone.* Alors, invite, invite, elle n'a que deux enfants et un appartement de trois pièces.

Les deux couples tournent, tout le monde rigole et trinque. Madame Laurence s'est assise dans un coin, en manteau, son sac sur les genoux, elle a un verre à la main. Simone semble émue dans les bras du presseur, il ne dit rien, il compte les pas. Léon murmure à l'oreille de Marie des petits mots qui la font rougir et rire. Mimi maintenant danse très musette[2] avec

1. ***Kif-kif*** : pareil, la même chose (familier).

2. ***Très musette*** : comme dans un bal musette, bal populaire où l'on effectue des danses légères et joyeuses sur des sons d'accordéon.

un tout petit mécanicien qui la baratine[1] *en polonais. Elle fait des clins d'œil à Simone, et lui montre comment on «frotte». Fin du disque, Léon se précipite pour changer la face.*

HÉLÈNE, *près de l'appareil.* – T'as pas autre chose ?

LÉON. – Quoi ?

HÉLÈNE. – Je sais pas. Autre chose de plus normal.

LÉON. – Je vois pas ce que tu veux dire.

HÉLÈNE. – Quand même, ça la fout mal.

LÉON. – Quoi ? *(Hélène hausse les épaules. Léon se contenant.)* Qu'est-ce qui la fout mal ? *(Hélène hausse les épaules puis s'éloigne. Léon la suit pendant que l'autre air commence. C'est une valse toujours en yiddish.)* Qu'est-ce qui la fout mal ?

HÉLÈNE. – J'ai rien dit, j'ai rien dit. Ça la fout bien, là !

LÉON. – Si t'as dit ! Si t'as dit !

GISÈLE *embrasse Marie.* – Faut que je me rentre, ce sera bientôt ton tour : dix minutes de retard et c'est la crise.

MADAME LAURENCE *se lève, elle est un peu gaie.* – Je descends avec vous… Faudra le dresser ma petite, faudra le dresser, sinon…

SIMONE, *au presseur.* – Vous voulez !

LE PRESSEUR. – Ça se danse !

SIMONE. – C'est une valse.

LE PRESSEUR. – Je sais pas si…

SIMONE. – Faut tourner c'est tout.

LE PRESSEUR. – Vous aimez ça ?

SIMONE. – Danser ?

LE PRESSEUR. – Non, le yiddish ?

MIMI, *toujours dans les bras de son mécanicien.* – Alors, le petit couple, ça avance ?

LE PRESSEUR *enlace Simone.* – On se lance ?

SIMONE. – On se lance.

---

1. ***La baratine*** : lui parle beaucoup pour la convaincre de quelque chose, sans doute de ses sentiments pour elle.

Le presseur se jette à l'eau, ils manquent de tomber tous les deux. Simone éclate de rire tandis que le presseur s'excuse. Léon et Hélène, dans un coin, se disputent.

Scène 5

La nuit

En 1947. L'atelier est plongé dans une semi-obscurité. Simone travaille en silence. Devant elle, des bougies ou une lampe à pétrole. Le presseur assis sur sa table de presse attend sans rien faire.

SIMONE. – J'en ai plus pour longtemps…
LE PRESSEUR *grogne*. – Personne m'attend…

Silence.

SIMONE. – Ils donnent toujours pas d'acte de décès, une dame m'a raconté qu'on lui a répondu que l'acte de disparition suffisait. Ça dépend pour quoi… Pour toucher une pension ça suffit pas… Ils nous font toujours remplir de nouveaux papiers, on sait même pas à quoi on a droit… Personne ne sait rien… Ils nous jettent d'un bureau à l'autre. *(Un temps.)* À force de faire la queue partout on finit par se connaître, on se parle, on se raconte… Ah, les bobards ça y va, ça y va… Y en a qui savent toujours tout… Le pire c'est les mères… Vous aussi vous êtes passé par l'hôtel *Lutétia*[1] ? *(Le presseur approuve de la tête.)* On m'avait dit d'y aller tout au début pour avoir des renseignements, quelqu'un qui l'aurait vu, qui… enfin vous savez : les photos, les… bon… J'y étais qu'une fois, j'osais pas

1. L'hôtel Lutétia, après avoir été le siège de l'*Abwehr*, service allemand de renseignements et de contre-espionnage, fut réquisitionné à la Libération pour accueillir les déportés revenus des camps.

m'approcher. Il y a une bonne femme qui m'a agrippée par le bras et qui m'a fourré de force sous les yeux une photo genre distribution des prix[1], je vois encore le gosse, il avait l'âge de mon grand en culottes courtes, avec une cravate, un livre sous le bras, « le prix d'excellence », elle hurlait : « Il a toujours le prix d'excellence. » Elle voulait pas me lâcher, pourquoi vous pleurez elle répétait, pourquoi vous pleurez, regardez regardez ils reviennent, ils reviendront tous ; Dieu le veut, Dieu le veut. Alors une autre femme lui a crié dessus et s'est mise à la pousser… On a beau dire que pour les enfants c'est sans espoir, elles sont là, elles viennent, elles parlent… Je l'ai revue plusieurs fois dans les bureaux, de plus en plus folle… J'en ai repéré une autre, jamais elle veut faire la queue, madame veut toujours être servie la première, je lui ai dit une fois : « Vous savez, madame, on est toutes comme vous ici, pas la peine de resquiller[2], du malheur y en a toujours assez pour tout le monde… » À la Préfecture, j'ai rencontré une madame Levit avec un *t*[3], celle-là très gentille, une femme bien, elle a vraiment pas eu de chance, son mari a été pris aussi en quarante-trois, mais lui, il était même pas juif, vous vous rendez compte, il s'appelait Levit, c'est tout… Depuis elle arrête pas de courir : au début pendant la guerre c'était pour prouver qu'il était…

Elle cherche le mot exact.

LE PRESSEUR *lui souffle.* – Innocent ?

Simone approuve.

---

1. À cette époque, chaque année scolaire se terminait par une remise de prix en présence des parents d'élèves. Les élèves les plus studieux et les plus sérieux se voyaient remettre un livre orné d'une dédicace. Le meilleur élève recevait le prix d'excellence.

2. ***Resquiller*** : chercher à obtenir quelque chose en trichant.

3. Levi – sans *t* – est un nom très répandu dans la communauté juive.

SIMONE. – Et maintenant comme nous, elle court juste pour savoir ce qu'il est devenu et pour essayer de toucher un petit quelque chose : c'est une femme seule avec trois enfants, elle a pas de métier, elle sait rien faire… *(Silence. Le presseur la regarde sans rien dire. Simone reprend.)* Oui, le plus dur c'est de pas savoir, de penser qu'il est peut-être quelque part perdu, connaissant même plus son nom, se souvenant ni de moi, ni des gosses, ça arrive ça arrive, mais je me dis que même ça ça se soigne avec du temps… L'autre jour je sors du marché et je vois un homme de dos avec un cabas à la main, je sais pas pourquoi, je me suis dit, enfin juste une seconde, j'ai pensé : C'est lui !… Avec un cabas ! C'est drôle parce que lui, même acheter du pain il voulait pas y aller, il allait jamais faire les courses, il aimait pas… Enfin c'est pour dire on pense des fois des… *(Un temps.)* Enfin quand même, si à la Préfecture ils veulent pas donner d'acte de décès c'est qu'ils ont encore de l'espoir non, c'est que même eux sont sûrs de rien sinon ils seraient trop heureux de faire les papiers et de classer tous les dossiers pour que tout le monde soit bien en règle et qu'on en parle déjà plus. Voilà j'ai fini.

Elle lui tend la pièce. Le presseur allume sa lampe Pigeon[1] *sur la table et commence à repasser.*

LE PRESSEUR, *tout en repassant.* – Dernièrement on m'a réclamé mes fiches de paie d'avant-guerre, j'ai dit que comme j'étais parti avec j'étais revenu sans… Après m'avoir fait les gros yeux, la dame m'a dit de faire faire des duplicata… Comment faire des duplicata quand on a pas les originaux ?… Alors elle m'a conseillé d'aller voir mes anciens patrons et de leur demander des doubles… J'ai dit merci madame et je suis

1. ***Lampe Pigeon*** : lampe à essence minérale, inventée en 1882 par Charles Pigeon. C'est la première lampe qui ne menace pas d'exploser au visage de son utilisateur.

sorti… J'ai pas osé lui dire que tous mes anciens patrons étaient partis avec moi et qu'en plus ils n'étaient pas du genre à donner des fiches de paie…

Il tape maintenant sur le revers du veston pour le mettre en forme et en chasser la vapeur. Il semble donner des coups rageusement mais ne fait en fait que le strict nécessaire.

LÉON *entre, il est joyeux et excité.* – Alors on tabasse dans le noir, hein ? Ramadier[1] veut plus des cocos[2] dans son gouvernement et hop toute la France se retrouve dans le Schwartz[3], heureusement qu'ils nous ont laissé le gaz…

LE PRESSEUR *tend la veste à Léon.* – Ça y est.

Léon formant un cintre avec ses deux mains ouvertes reçoit délicatement le veston sous les épaules, puis le rapprochant de la lumière, il le fait tourner.

LÉON. – Encore un nouveau modèle : des poches, des revers, des manches… Enfin si ça les amuse et si ça ramène des commandes, moi… *(Il sort en lançant.)* J'en ai pour une minute, juste le temps d'expédier le soi disant nouveau modèle avec le soi-disant représentant, il me plaît pas du tout, un…

Il fait le geste de serrer une cravate. Simone n'a pas bougé, elle est toujours assise les yeux fixes. Le presseur s'assied à côté d'elle. Silence.

LE PRESSEUR, *avec difficulté.* – Il est parti quand ?

SIMONE. – Quarante-trois.

---

1. ***(Paul) Ramadier*** : homme politique français (1888-1961) qui vota contre les pleins pouvoirs à Pétain (en juillet 1940) et participa à la Résistance. Président du Conseil en janvier 1947, il écarta du gouvernement les ministres communistes qui s'opposaient à sa politique sociale et coloniale. Les grèves devinrent alors plus nombreuses et plus violentes, accompagnées de sabotages.
2. ***Cocos*** : communistes (familier et péjoratif).
3. ***Schwartz*** : noir (en allemand et en yiddish).

LE PRESSEUR. – Fin quarante-trois ?

SIMONE *fait non de la tête*. – Sur l'acte de disparition c'est : « A quitté Drancy[1] en mars quarante-trois… »

Un temps.

LE PRESSEUR. – Ils disent pour où ?

SIMONE. – Lublin Maïdanek[2], en direction de…

Silence.

LE PRESSEUR. – Il avait quel âge ?

SIMONE. – Trente-huit ans, on s'est mariés tard, on a dix ans d'écart.

LE PRESSEUR. – Il faisait plus ou moins ? *(Simone ne comprend pas.)* Plus vieux ou moins vieux ?

SIMONE, *toujours sans le regarder*. – Peut-être un peu plus quand ils l'ont pris ? Il était convalescent. Il était resté un moment prisonnier de guerre[3] à Compiègne. Là-bas il était tombé malade. Alors ils l'avaient relâché. En rentrant à Paris, il s'est fait faire des papiers à l'UGIF[4], pour être en règle, c'est drôle, lui qui avait vécu en France des années sans papiers d'identité, là il voulait être absolument en règle… À l'UGIF ils lui ont donné une sorte de permis de séjour, il était pas français, il était encore roumain, enfin apatride[5] d'origine roumaine ils ont mis…

---

1. À Drancy, en 1941, était établi un camp d'internement pour les Juifs français et étrangers en transit vers les camps de déportation nazis.

2. Le camp de Lublin Maïdanek, à la fois camp de concentration et camp d'extermination, était installé au nord-est de Varsovie.

3. Certains soldats français ayant participé à la « drôle de guerre » contre les Allemands (septembre 1939-mai 1940) ont été faits prisonniers et retenus sur le territoire français occupé.

4. ***UGIF*** : Union générale des Israélites français, chargée du recensement des Juifs en France. Ses registres ont ensuite été utilisés par la police française pour les arrestations.

5. ***Apatride*** : dépourvu de nationalité légale, qu'aucun État ne considère comme son ressortissant.

LE PRESSEUR, *sans l'écouter.* – Il portait des lunettes ?

SIMONE. – Oui, mais pas tout le temps.

LE RESSEUR. – Ses cheveux ? *(Simone le regarde sans comprendre. Le presseur reprend.)* Il avait tous ses cheveux ?

SIMONE. – Un peu dégarni peut-être mais ça lui allait bien.

Silence.

LE PRESSEUR. – Dis-toi qu'il n'est jamais entré dans un camp... *(Bref silence.)* À l'arrivée les survivants de chaque transport étaient séparés en deux groupes... Ceux qui allaient entrer au camp et les autres. Nous on est partis à pied, les autres, les plus nombreux, sont montés dans des camions ; sur le coup on les a enviés... *(Il s'arrête.)* Les camions les emmenaient directement aux douches[1]... Ils n'avaient pas le temps de se rendre compte, ils n'entraient pas dans le camp... *(Un temps.)* On vous a dit pour les douches ?

SIMONE. – Comment vous pouvez être sûr ? *(Le presseur ne répond rien.)* Tout le monde dit qu'il va en rentrer encore, qu'il y en a partout, en Autriche, en Pologne, en Russie, qu'on les soigne, qu'on les retape avant de les renvoyer chez eux ! *(Le presseur hoche la tête en silence.)* Trente-huit ans, c'est pas vieux, pas vieux du tout, qu'ils aient fait ce que vous dites aux vieux, à ceux qui ne pouvaient plus travailler, aux femmes, aux enfants, d'accord, on sait tout cela, mais...

Elle est interrompue par l'entrée de Léon qui porte un plateau sur lequel il y a du thé, un litre d'eau-de-vie et des gâteaux secs. Simone s'est levée, elle a passé son manteau par-dessus sa blouse et elle est sortie après avoir posé sa main, au passage, sur l'épaule du presseur. Le presseur n'a pas bougé.

LÉON, *sidéré.* – Elle est raide celle-là ! *(Il sort derrière elle en hurlant.)* Tu bois pas un verre ? Attends, rentre pas toute seule au

---

1. En réalité, chambres à gaz. On faisait croire aux prisonniers qu'ils allaient pouvoir se laver après leur voyage en train.

■ *L'Atelier*, création de la pièce, dans une mise en scène de Maurice Bénichou, Jean-Claude Grumberg et Jacques Rosner (1979), avec Geneviève Mnich (Simone) et Maurice Bénichou (le presseur). Loin de l'activité qui anime l'atelier en pleine journée, le presseur et Simone se retrouvent seuls. Le premier révèle à l'ouvrière la réalité des camps. L'éclairage à la bougie, qui crée une atmosphère à la fois intime et solennelle, contribue à donner à cette scène une tonalité très émouvante. Par ailleurs, le jeu des regards traduit d'une part la volonté du jeune homme de faire comprendre à Simone que l'espoir est inutile et qu'elle ne reverra pas son mari, et d'autre part le refus de cette dernière d'entendre ce discours.

moins, on va te ramener. *(Il revient.)* Elle est partie, elle est cinglée, non ? Qu'est-ce qu'elle a ? Si elle voulait pas rester fallait le dire... Voilà, demande un extra[1] aujourd'hui... Si t'acceptes déjà, fais-le de bon cœur, non ? Je l'aurais faite moi cette malheureuse pièce. T'as vu ça, non mais, crâneuse va, elle t'a dit quelque chose ?

LE PRESSEUR. – C'est moi qui lui ai parlé.

LÉON. – Ah bon ! ah bon... Tu veux du thé ou un verre de...

Il montre la bouteille.

LE PRESSEUR, *sans se lever.* – Je vais rentrer aussi.

LÉON, *le servant.* – Non, non, j'y tiens absolument, plutôt un verre de... hein ? *(Le presseur est sans réaction. Léon se servant.)* T'as bien fait, t'as bien fait... Moi aussi je voulais lui parler depuis longtemps mais...

LE PRESSEUR, *comme pour lui.* – Si on pouvait se couper la langue.

LÉON. – Oui t'as raison, t'as raison : « Si on pouvait se couper la langue ! » *(Il crie, soudain, comme s'il étouffait.)* Hélène ! Hélène ! *(Au presseur.)* Qu'est-ce que tu veux ! Faut un minimum de ressort dans la vie... *(Il montre le siège de Simone.)* C'est ça qui lui manque. Alors forcément elle... *(Il cherche ses mots.)* Elle...

LE PRESSEUR *se lève.* – Je vais rentrer.

LÉON. – Pas question, pas question, on va boire ensemble. Sinon...

Geste vague. Il reverse deux verres.

HÉLÈNE *entre, elle est maquillée, une robe de chambre passée sur sa chemise de nuit.* – Simone est partie ?

LÉON. – Oui. *(Il montre le presseur, puis à voix basse.)* Il lui a parlé. *(Hélène regarde le presseur sans rien dire. Léon lève son verre et offre*

---

1. *Un extra* : un ouvrier à qui l'on fait faire des heures supplémentaires de manière exceptionnelle.

l'autre au presseur qui machinalement le prend.) Allez bois, bois. *(Ils boivent.)* Je voulais lui parler moi si si, seulement... J'ai peur de mes mots, j'ai peur ! Je prépare une phrase gentille, pleine de bon sens et de compréhension humaine et c'est un truc dégueulasse qui sort... Oui, comme si j'avais une diarrhée verbale. C'est horrible, c'est toujours comme ça... *(Il crache, puis à Hélène.)* C'est pas vrai ?... Si, si je me connais, va, je me connais...

HÉLÈNE. – Je t'en prie, arrête de boire tu veux.

LÉON, *indigné.* – Moi ? J'ai rien bu... *(Il se tourne vers le tabouret de Simone et hurle soudain.)* Sur les étagères des ménagères allemandes dans leur réserve de savon noir[1], c'est là qu'il est, c'est là qu'il faut le chercher, pas dans des bureaux, pas sur des listes, pas dans des dossiers...

HÉLÈNE *se lève et le pousse de toutes ses forces pour le rasseoir.* – Ça suffit non, t'es devenu fou ou quoi ?

Le presseur n'a pas réagi. Léon tente de rire, montrant Hélène du doigt. Il prend le presseur à témoin.

LÉON. – Tss tss tss... Elle a jamais eu le moindre sens de l'humour. Jamais... Qu'est-ce que tu veux faire : une juive allemande ? Chaque peuple a les youtres[2] qu'il mérite... *(Il rit.)* La lie[3] de la lie de la terre madame, voilà ce que vous êtes.

Il fait semblant de lui cracher dessus.

HÉLÈNE *hausse les épaules et murmure.* – Humour polack[4] ! C'est fin...

---

1. Dans les camps d'extermination, on récupérait les restes humains (graisse, cheveux) pour fabriquer des objets de première nécessité (couverture, savon).
2. ***Youtres*** : voir note 1, p. 9.
3. ***La lie*** : ce qu'il y a de plus vil, de plus bas.
4. ***Polack*** : polonais (familier et péjoratif).

Elle bâille.

LE PRESSEUR *se lève.* – Bon, je rentre…

LÉON. – T'es pressé d'aller te retourner sur ton lit ? Reste un peu… T'es pas bien là ?… *(Il ouvre la fenêtre.)* Regarde : pas de lumière, demain c'est encore grève, tu pourras rester au lit toute la journée… Merci monsieur Ramadier[1]… merci monsieur Thorez[2]…

LE PRESSEUR. – Je peux pas rester au lit le matin…

LÉON. – Pourquoi ? Ça sera grève aussi pour Weill[3] tu sais !

LE PRESSEUR. – J'ai pris l'habitude, j'arrive plus à rester au lit le matin.

Silence. Le presseur se reverse un verre.

LÉON, *allant se servir.* – C'est ça, c'est ça, buvons, buvons. *(Il fredonne.)* « Buvons un coup buvons-en deux gais compagnons de la Bourgogne. »

Il soupire puis reprend sa chanson à boire.

HÉLÈNE, *sans bouger.* – Bon ben moi je vais me coucher.

Elle reste assise, elle bâille.

LÉON. – C'est ça, c'est ça, cours en zone libre[4], va, va, elle est partie, elle, rejoindre sa mère, chez les péquenots[5], moi j'ai pas voulu non, je suis resté… toute la guerre à Paris moi monsieur ! J'ai même eu des faux papiers et tout, Richard, je m'appelais Richard, Léon Richard… Oui… j'allais partout,

1. ***Ramadier*** : voir note 1, p. 77.
2. ***(Maurice) Thorez*** : homme politique (1900-1964), qui devint secrétaire général du Parti communiste français en 1930.
3. ***Weill*** : voir note 2, p. 62.
4. ***Zone libre*** : voir chronologie, p. 28-29.
5. ***Péquenots*** : paysans (populaire et péjoratif).

des jours j'étais moi avec étoile[1], des jours j'étais Richard sans étoile, j'ai même travaillé un peu sous ce nom-là chez un tailleur pour dames dans le seizième… Un Italien… Les gens me disaient : Faites attention monsieur Léon, mais moi je pensais : Et même si je me fais prendre, ils me feront quoi ? Un autre trou au cul ?… Personne savait à l'époque… l'aveuglement… l'aveuglement… J'allais même jouer au rami[2] dans un café avec des Arméniens. Et puis fin quarante-trois, début quarante-quatre, on commençait à dire partout qu'on nous prenait pour nous brûler, alors j'ai commencé à avoir sérieusement les chocottes, plus moyen de partir en zone libre, y en avait même plus[3]… Un jour j'arrive à la maison, le concierge me fait signe de ne pas monter, ils étaient là-haut, trois petits jeunots avec des bérets, je les ai vus redescendre déçus, ils ont dit quelques mots au pipelet[4], c'est lui qui m'a planqué dans une chambre en haut, il me montait à bouffer et les nouvelles, je suis resté là, volets fermés, comme une taupe, j'attendais… Et puis un jour, toc toc toc, qui est là ? « Monsieur Léon ça y est, c'est la fin des haricots, les Frisés[5] sont en train de se débiner. » Alors ça a explosé en moi, formidable. *(Un silence.)* Je me suis jeté dans la rue comme un vrai fou, j'avais nulle part où aller remarque : je regardais les gens, les visages surtout, ils avaient l'air heureux bien sûr mais, comment dire ?… *(Un temps.)* J'allais d'une barricade à une autre barricade… À un moment on m'a même collé un fusil, on me l'a repris aussitôt soi-disant que je le tenais à l'envers… Et puis voilà que je tombe dans un attroupement près d'un camion. Un tout

1. Le gouvernement de Vichy a imposé aux Juifs le port de l'étoile jaune en 1942.

2. ***Rami*** : jeu de cartes.

3. Les Allemands font progressivement main basse sur la zone libre, imposant leurs règles.

4. ***Pipelet*** : voir note 1, p. 66.

5. ***Frisés*** : voir note 2, p. 44.

jeune homme y montait bras bien en l'air, mains sur la tête, c'était un vert-de-gris[1] rose et blond, son regard a croisé mon regard et, va savoir pourquoi, j'ai eu l'impression que ce trou du cul m'appelait au secours, les hommes, les fifis[2] qui le faisaient monter dans le camion le bousculaient un peu pour se donner l'air plus militaire, les femmes faisaient des plaisanteries et lui semblait me crier : « Eh toi, oui toi, toi qui sais, toi qui as l'expérience, aide-moi, apprends-moi. » Brusquement je me jette vers lui en hurlant : « *Ich bin yude, ich bin yude, ich bin leibedick*[3] ! » Alors il a fermé les yeux et détourné la tête et il a été se cacher dans le fond du camion… Brusquement la panique, les femmes entraînaient leurs mouflets à l'abri des portes cochères : « Un autre Allemand, en civil celui-là et hargneux avec ça ! » Les fifis m'ont cerné, le chef tout en braquant sa mitraillette vers ma poitrine répétait : « *Papir, papir…* » J'ai essayé de rire, un gargouillis misérable est sorti de mon ventre, j'ai dit le plus calmement possible après avoir repris mon souffle : « Je suis juif monsieur l'officier résistant. Je voulais qu'il sache que je suis juif et vivant, voilà c'est tout, alors j'ai crié, je m'excuse … » Le chef des fifis m'a regardé un instant sans bouger, je voyais clairement dans ses yeux qu'il ne comprenait toujours pas pourquoi j'avais crié, qu'il ne comprendrait sans doute jamais, j'avais peur qu'il me demande d'expliquer, je me suis reculé, il a fait enfin un geste et tous les fifis se sont jetés dans le camion, magnifique !… Les regards des autres continuaient à peser sur moi, j'écartais les bras, je baissais la tête, malgré moi mon corps, tout mon corps s'excusait, j'avais beau me répéter que c'était fini, que j'étais de nouveau un

---

1. *Un vert-de-gris* : un soldat allemand (en référence à la couleur kaki de leur uniforme).

2. *Fifis* : membres des FFI (Forces françaises de l'intérieur). Il s'agit d'une des plus puissantes organisations de la Résistance.

3. *Ich bin yude, ich bin yude, ich bin leibedick* : « je suis juif, je suis juif et je suis vivant » (mélange d'allemand et de yiddish).

homme libre, rien à faire… Alors une voix, très ancien de Verdun[1], a dit très fort en détachant chaque syllabe : « Ici en France, on respecte les prisonniers de guerre ! » Mon gargouillis alors s'est fait plus sonore – l'estomac. Puis je suis devenu transparent tu sais comme l'homme invisible au cinéma et je les ai laissés entre eux, entre gens qui respectent les prisonniers de guerre, les conventions de Genève, les conférences de La Haye, les accords de Munich, les pactes germano-soviétiques[2] et les croix, toutes les croix, et je suis rentré chez moi, quelques jours après, la Boche[3]… *(il désigne Hélène du menton)*… était de retour et on traçait notre premier matelas dans une espèce de feutrine[4] mi-carton mi-buvard, à ce moment-là ils n'étaient pas difficiles, tout s'arrachait comme des petits pains, c'était le bon temps à part qu'on trouvait ni tissus ni fournitures… *(Silence.)* Et toi comment ils t'ont pris ?

LE PRESSEUR, *après un temps.* – Ils m'ont pris !

Léon approuve de la tête. Silence.

LÉON *poursuit.* – Au début je faisais tout avec Hélène, j'étais à la coupe, à la presse, à la machine, et Hélène travaillait à la main, après on a pris la femme du flic… *(Il montre la place de madame Laurence.)* Après on est tombé sur la folle… *(Il montre la place de Mimi.)* Après, y a eu un mécanicien qui m'a amené son cousin, et puis… et puis voilà, de fil en aiguille comme on dit, je me suis retrouvé complètement dans la merde.

Silence.

---

1. ***Ancien de Verdun*** : ancien combattant de la Première Guerre mondiale, qui a participé à la bataille de Verdun (en 1916).
2. ***Conventions de Genève […], pactes germano-soviétiques*** : accords, traités ou alliances politiques et diplomatiques.
3. ***Boche*** : voir note 1, p. 44.
4. ***Feutrine*** : tissu épais de mauvaise qualité.

LE PRESSEUR *se lève, bâille et dit.* – Je rentre. *(Il fait un pas, puis.)* Je viendrai pas lundi.

LÉON. – Bon, qu'est-ce que tu veux que je te dise, tu veux ton lundi, prends ton lundi, profite, comme les autres... Qu'est-ce que tu veux que j'y fasse...

LE PRESSEUR, *après un nouveau pas.* – Tu chercheras un nouveau presseur !

Il rassemble ses affaires et s'apprête à sortir.

LÉON. – Quoi, qu'est-ce que ça veut dire ? Qu'est-ce que ça veut dire ? C'est une augmentation que tu cherches ? Parle franchement avec moi hein, pas de ça entre nous, pas entre nous !

Il est au bord des larmes et tient le presseur par le bras.

LE PRESSEUR. – Je passerai dans la semaine me faire régler, prépare mon compte.

Il pose sa boîte de tickets sur la table de presse.

LÉON. – Mais t'es fou, qu'est-ce qui va pas ? Quelqu'un t'emmerde ? C'est moi ? J'ai dit quelque chose ? On t'a fait chier ?

LE PRESSEUR. – Non non, c'est...

Il ne finit pas sa phrase et ne fait aucun geste.

LÉON. – Fais au moins tes huit jours, on verra après, on est pas des sauvages, non ? On en reparlera... Ça va s'arranger... Que j'aie le temps de me retourner quoi !

LE PRESSEUR. – Non... non... c'est mieux comme ça... Salut Léon.

Il lui tend la main.

LÉON, *sans lui serrer la main.* – T'es pas bien ici, t'es pas bien ?

LE PRESSEUR. – Si si très bien... Allez salut...

Il sort après avoir fait un signe à Hélène qui s'étant assoupie pendant le récit de Léon regarde sans comprendre.

LÉON *le suit.* – On m'avait prévenu, on me l'avait dit, faut jamais commencer avec vous, jamais, vous êtes tous fous, tous fous, mais il n'y a pas que vous qu'avez souffert, merde, pas que vous ! Moi aussi j'ai fait des bassesses pour survivre… *(Il revient sur ses pas et renverse la bouteille et la théière, il hurle en donnant des coups de pied dedans.)* Et merde !

Scène 6

La concurrence

L'atelier un jour de 1948 avant midi. La table de presse est inoccupée. Gisèle travaille debout à la table d'entoilage[1]*. Marie est enceinte jusqu'aux yeux.*

GISÈLE, *tout en travaillant.* – Je lui ai dit tu feras ce que tu veux plus tard, quand tu seras mariée, pour l'instant c'est encore moi qui commande…

MARIE. – Qu'est-ce qu'elle vous a répondu ?

GISÈLE, *haussant les épaules.* – Rien, elle était déjà sur le palier, je sais même pas si elle m'a entendue.

MIMI. – Ça on te fait confiance pour ce qui est de gueuler.

GISÈLE. – Ben tu peux parler, toi !

MARIE. – Vous savez, c'est normal à son âge de vouloir sortir… quand on est mariée on peut encore moins…

MADAME LAURENCE. – Vous aimeriez « sortir » dans votre état ?

MARIE. – J'ai pas dit ça…

GISÈLE. – « À son âge », figurez-vous que moi à son âge, je sortais pas non plus…

MIMI. – Et tu vois ce que ça donne ! *(Gisèle la regarde sans comprendre.)* T'aimerais que ta fille devienne comme toi ?

GISÈLE. – Je suis pas si mal, y a pire, j'ai pas à me plaindre…

MADAME LAURENCE. – Vous faites pas votre âge, c'est sûr…

1. ***Table d'entoilage*** : voir note 2, p. 61.

GISÈLE, *vexée.* – Merci beaucoup. *(Silence. Gisèle pour elle.)* Sortir, sortir, elles ont que ce mot-là à la bouche, moi j'aime rentrer, là…

MIMI. – Pour t'engueuler avec ton jules[1] ?

GISÈLE. – On s'engueule pas tout le temps !

MIMI. – Ah ! je vois ça d'ici : l'amour vache !

Elle fredonne une java.

SIMONE, *à Gisèle.* – Et la plus jeune ?

GISÈLE. – Oh ! elle, sans problème.

MIMI. – Ça la démange pas encore…

GISÈLE, *à Mimi.* – Oh ce que tu peux être dégueulasse, vraiment on voit bien que t'as pas de môme… *(À Simone.)* Elle suit bien à l'école et… enfin ça va… je touche du bois… pourvu que ça dure…

MARIE. – Vous voulez qu'elles fassent quoi vos filles plus tard ?

MIMI, *à Simone et Marie, la bouche en biais*[2]. – Le tapin[3] tiens !

GISÈLE. – Vous voyez, je me plains pas mais j'aimerais pas qu'elles se retrouvent comme moi toute la sainte journée à tirer l'aiguille, je m'excuse, je le dis comme je le pense, mais c'est une vie pas bien intéressante… Non, je préférerais carrément qu'elles apprennent à coudre à la machine, on se crève moins, c'est mieux payé, et c'est quand même un travail plus intéressant, non ?

Mimi fredonne Papa pique et maman coud.

MADAME LAURENCE. – Mécanicien[4] ? C'est un métier d'homme !

GISÈLE. – Dans la place où j'étais avant y avait des hommes et des femmes à la machine.

---

1. ***Ton jules*** : ton mari (familier).
2. ***La bouche en biais*** : la moue moqueuse.
3. ***Tapin*** : prostitution (argot).
4. ***Mécanicien*** : voir note 2, p. 48.

MADAME LAURENCE *répète, obstinée.* – C'est un métier d'homme.

MIMI. – Pourquoi, faut appuyer sur la pédale avec ses couilles maintenant ?

Madame Laurence pousse un « oh » de douleur pendant que toutes les autres éclatent de rire.

MADAME LAURENCE. – C'est agréable de discuter sérieusement avec vous, on voit tout de suite ce qui vous préoccupe...

MIMI. – Les couilles ? Ça me préoccupe pas plus qu'autre chose, plutôt moins... J'avais cru comprendre c'est tout...

MADAME LAURENCE, *entre ses dents.* – Toujours des saletés...

MIMI. – C'est pas des saletés madame Laurence, bien sûr faut les passer sous l'eau de temps en temps sinon c'est comme tout ça finit par sentir... Faut lui dire à votre mari : pendant qu'il se lave le cul qu'il se trempe aussi les organes...

Les autres sont sous la table pleurant de rire.

MADAME LAURENCE, *se bouchant les oreilles.* – Je vous en prie, ne me parlez plus, ne me parlez plus, laissez-moi, je regrette d'avoir dit quoi que ce soit. Oh mon Dieu, mon Dieu !

Madame Laurence a laissé son travail et elle a couru vers la porte.

MIMI. – Tiens, lui aussi peut coudre à la machine...

Madame Laurence sort, croisant Léon qui entre, un veston sous le bras.

GISÈLE, *qui n'a pas entendu la dernière réplique de Mimi, s'informe.* – Qu'est-ce qu'elle a dit ?... Qu'est-ce qu'elle a dit ?

Simone et Marie pleurent toujours de rire. Mimi travaille avec sérieux. Gisèle la supplie de répéter sa dernière phrase. Léon regarde Simone, Marie et Gisèle qui ne travaillent pas et se mouchent à qui mieux mieux, puis s'informe.

LÉON. – Ça pleure ou ça rit ?

MARIE. – On sait plus trop monsieur Léon, on sait plus trop.

Elle gémit.

GISÈLE. – Un petit panaché, quoi !…

MIMI, *sérieuse.* – C'est dur de les faire tenir tranquilles, je fais ce que je peux, mais y a des jours…

Geste d'impuissance.

LÉON, *d'un calme inhabituel, attend le retour de madame Laurence qui se réinstalle, puis il démarre.* – Bon… À votre avis, mesdames, on travaille pour qui : pour les morts ou pour les vivants ? *(Pas de réponse, Léon tout en faisant tourner le veston sous tous les angles – c'est une pauvre chose.)* Si on travaille pour les morts, je dis que ce vêtement est un très bon vêtement pour mort… Seulement entre nous, un mort peut très bien se passer de vêtements non ? On le jette dans un bout de chiffon, on le roule dedans et hop au trou… On peut même faire l'économie du bout de chiffon et du trou. Ça s'est déjà vu non ?… Si on travaille pour les vivants, il faut prévoir qu'un vivant sera inévitablement amené à faire certains gestes comme bouger un bras, s'asseoir, respirer, se lever, boutonner, déboutonner ; je parle même pas du temps de guerre où fréquemment le vivant pour rester vivant est obligé de lever les deux bras en l'air et en même temps, non, je parle des mouvements ordinaires, de la vie ordinaire dans la confection ordinaire. Regardez cette pièce, monsieur Max vient de me la retourner avec sur le revers un petit papier épinglé, je vais vous lire ce qu'il y a sur le papier : « C'est du travail pour les morts. » *(Il montre le papier et il continue.)* C'est écrit en gros caractères !… À peine un client a enfilé… *(bref silence)* que la doublure de la manche, oui madame Simone, a craqué, bon je sais c'est pas grave, pas la peine de pleurer déjà, ce sont des choses qui arrivent, c'est ce que le vendeur a dit aussitôt, un fil de mauvaise qualité, un point trop lâche, passons…

Ensuite les boutons sont tombés un par un quand le client a voulu… *(Il fait le geste de boutonner.)* Machinalement, alors le client a posé les yeux sur les boutonnières, oui madame Mimi, regardez-les aussi : boutonnières faites main ?

MIMI. – Ben qu'est-ce qu'elles ont ?

LÉON. – On dirait qu'elles chient et qu'elles dégueulent en même temps… voilà ce qu'elles ont… Puis il a levé les yeux et s'est aperçu dans la glace alors il a arraché cette chose de son corps et il est sorti du magasin en courant et s'est précipité la tête la première chez la concurrence… Vous avez peut-être déjà entendu parler de la concurrence, vous savez tous ces gens qui travaillent bien mieux et qui sont bien moins cher parce qu'ils ont moins de frais généraux… Voyant son client sortir en courant, le patron du magasin a renvoyé toute la marchandise qu'il venait de recevoir au travers de la gueule de monsieur Max avec ce petit papier épinglé sur le revers, et puis lui aussi a été se fournir en courant chez la concurrence. Monsieur Max a reçu le paquet, il a examiné, il m'a appelé, j'ai examiné à mon tour et je dois reconnaître que le client a raison : c'est du travail pour les morts ! *(Silence. Léon reprend, toujours très professeur.)* Maintenant je dois vous prévenir : celles qui désirent continuer à travailler pour les morts iront le faire ailleurs qu'ici… Dorénavant mon atelier se consacrera exclusivement aux vivants, et ceux-là croyez-moi, ils en veulent aujourd'hui pour leur argent. C'est fini le temps où on leur collait la pire cochonnerie, les pardessus avec les deux manches gauches, les vestes qui se boutonnent dans le dos, etc., etc. Fini !… La guerre est terminée depuis longtemps ; avec un peu de chance il y en aura bientôt une autre qui sait, ça va tellement bien partout… On est plus dans l'après-guerre, on est de nouveau dans l'avant-guerre, tout est redevenu normal, on trouve de tout aujourd'hui, à tous les prix, on parle même de supprimer les tickets, plus de restrictions…

J'exige maintenant un minimum de conscience professionnelle vous entendez… un minimum. *(Il enfile la veste, elle est trop grande pour lui, et elle pend lamentablement de tous les côtés.)* Regardez, regardez, « demi-mesure » ! Une épaule déjà au premier étage et l'autre encore au sous-sol… Madame Laurence il faut un peu regarder ce qu'on fait quand on travaille, pas toujours regarder ce que font les autres…

GISÈLE. – La couleur vous va bien…

LÉON. – La couleur ? En plus on se fout de ma gueule ?

GISÈLE. – Non, non, c'est sincère monsieur Léon…

Marie part d'un fou rire nerveux.

LÉON *hurle.* – C'est fini maintenant, assez rigolé, chaque pièce sera contrôlée, et recontrôlée et recontrôlée, et si les points sont trop grands ou si c'est salopé, on recommencera jusqu'à ce que ce soit bien ! Faire et défaire, c'est toujours du travail mais c'est pas payé pareil, vous allez apprendre ça maintenant. Ah ! vous avez eu la bonne vie ici, c'est fini, maintenant, vous entendez, fini. Je veux que ce soit un bagne[1] pour vous maintenant, comme ailleurs, comme partout, comme dans la concurrence. J'ai été poire[2] hein ?

Simone s'est levée le plus discrètement possible, elle est allée poser la pièce qu'elle vient de finir sur la table de presse puis a ôté sa blouse, enfilé son manteau et elle s'approche maintenant de la porte en faisant des signes aux ouvrières. Léon la découvre près de la porte.

LÉON. – Quoi ! Assis ! Assis tout de suite ! Qu'est-ce que c'est que ça ? Qu'est-ce que ça veut dire ? On rentre, on sort, c'est un moulin ici ?

SIMONE. – J'ai une course à faire comme ça va bientôt être l'heure du déjeuner, je profite…

---

1. ***Bagne*** : lieu où l'on purge une peine de travaux forcés.
2. ***J'ai été poire*** : j'ai été bête, stupide (familier).

LÉON. – C'est moi qui décide quand c'est l'heure du déjeuner ou non.

SIMONE. – J'ai prévenu madame Hélène que je devais m'absenter, c'est important.

LÉON. – Je veux pas le savoir, ici c'est moi qui commande, c'est à moi qu'il faut demander !

SIMONE. – Vous étiez pas là, alors j'ai demandé à votre femme.

LÉON *hurle.* – À moi, à moi et moi je dis non, là ! Quand on passe la moitié de son temps en courses ou en congé maladie...

SIMONE, *protestant.* – J'ai été arrêtée une fois huit jours en trois ans et j'ai même pris des finitions à la maison.

LÉON. – Taratata, quand on peut pas travailler avec acharnement on vient pas occuper un tabouret ici, les places sont chères ici, tous les jours j'ai des demandes, il y a du travail toute l'année ici, jamais de mortes-saisons, il faut produire ou s'en aller définitivement !... Pour gémir, pleurer ou faire ses courses c'est pas l'endroit, c'est pas l'OSE[1] ou le JOINT[2]... Je veux qu'on travaille, qu'on sorte de la marchandise impeccable qu'on puisse livrer et qu'on ne me renvoie pas entre les dents... Qui va se grignoter toute la série qui a été renvoyée à Max ? C'est moi, moi ! Je veux plus entendre de rires, ni de cris, ni de pleurs, ni de chansons, à partir de dorénavant plus personne pourra prendre une heure, vous m'entendez, une heure, même si vos enfants crèvent, même si vos vieux pourrissent, même si vos maris éclatent, je veux pas le savoir, compris, les courses vous avez le samedi après-midi et le dimanche.

SIMONE *explose au bord des larmes.* – Les bureaux sont fermés !

---

1. ***OSE*** : Œuvre de secours à l'enfance, organisation juive créée en Russie en 1912.

2. ***JOINT*** : *Joint Distribution Committitur*, organisation juive américaine, qui vint en aide aux Juifs pendant et après la Seconde Guerre mondiale.

MIMI, *à Simone.* – Qu'est-ce que tu discutes avec lui pétasse[1] ? Qu'est-ce que t'attends au juste ? Vas-y vite, n'aie pas peur, je te raconterai la fin…

Simone jette un œil sur Léon, celui-ci détourne la tête. Simone sort. Léon s'assied à la place de Simone, il reste là un instant sans rien dire, comme vidé. Les ouvrières ont repris leur travail en silence.

LÉON, *à Mimi.* – T'as une grande gueule, hein ?

MIMI. – Ça va bien merci, je fais ce que je peux…

Silence.

LÉON. – Alors explique-moi avec ta grande gueule ce qu'elle va gagner en se ruinant la santé à courir comme ça d'un bureau à l'autre…

MIMI. – Elle a droit à une pension, non, une femme seule avec deux enfants !

LÉON. – Elle est là sa pension, là ! *(Il tape sur la table.)* Elle reste une heure de plus tous les soirs, elle court plus toute la journée pour ses courses, et elle l'a sa pension, non ?

GISÈLE. – Elle peut pas rester plus tard.

LÉON. – Pourquoi ça dérange qui, c'est ouvert, je reste bien moi !…

MIMI. – Oui, mais vous en rentrant vous n'avez qu'à glisser vos deux panards sous la table, votre frichti[2] est tout bouillu. Elle, elle doit faire les courses et la bouffe pour ses gamins.

LÉON, *approuvant de la tête.* – Quand on veut on peut, il faut savoir où est son intérêt, pourquoi on lui donnerait une pension, en quel honneur ?

GISÈLE. – Son mari a été déporté non !

LÉON. – Mais il était même pas français madame, même pas français. Elle a droit à rien, rien ! On donne pour les Français,

---

1. Le terme n'est pas aussi agressif et injurieux qu'aujourd'hui.

2. ***Frichti*** : repas (familier).

■ *L'Atelier*, mise en scène de Gildas Bourdet (1999), avec Wojtek Pszoniak (Léon), Marie-Christine Orry, Emmanuelle Lepoutre, Sylvianne Goudal, Monique Mauclair (les ouvrières) et Marianne Epin (Simone). Cette photo donne à voir les divergences qui règnent entre Léon et Simone : le premier fait le pari de la vie et de l'avenir et exige de son ouvrière qu'elle se remette au travail ; la seconde, sur le seuil, ne peut se résoudre à n'avoir aucune certitude sur la mort de son mari et s'épuise en démarches administratives. Au centre, l'attitude des ouvrières traduit le malaise du spectateur confronté à cette scène, plein d'empathie pour les deux personnages.

pas pour les apatrides[1] d'origine roumaine. Qui va donner pour lui, hein ? Qui ? Les Français ? Pourquoi ? Les Roumains ? Le connaissent pas, les Roumains, il est parti de Roumanie il avait douze ans, ils s'en foutent les Roumains. Les apatrides ? Ah, les apatrides ils ont pas la tête à donner, ils sont tous partis avec lui les apatrides et ceux qui sont revenus ils sont tous timbrés comme l'ancien presseur, vous vous souvenez ?... Enfin qui se soucie encore de tout ça ? Il en pousse de nouveau des camps, on a pas le temps de payer pour les anciens que déjà y en a des nouveaux.

MIMI. – Elle a été chez un avocat-conseil lui y va lui dire.

LÉON. – C'est ça, c'est ça, un avocat-conseil... Y va lui dire...

Il a un geste qui semble dire : « Avec qui je cause ? » Il se lève, ramasse la veste qui était au sol, hésite, puis la roule en boule et la jette sous la table de presse. Les ouvrières travaillent sans se regarder. Mimi sans lever les yeux de son travail.

MIMI. – C'est pas le travail qui va pas, c'est sa coupe, il coupe n'importe comment... C'est la faute à mes boutonnières peut-être, si ça tombe mal, si les manches vissent[2] ?... T'en trouveras des boutonnières comme ça, tiens... Si on faisait un concours je suis sûre que c'est moi qui serais championne du monde des boutonnières... Regarde, regarde, je déconne pas, on dirait pas qu'elle vit, qu'elle te voit, il lui manque que la parole et avec quoi j'ai même pas le cordonnet[3], du fil pourri qui casse qui fait des nœuds... Vraiment... Y a des jours... Je travaille tiens je me demande pourquoi... Sûrement parce que c'est la mode... Je me fais engueuler et... j'ai rien... j'ai rien... j'ai pas de bas... j'ai pas de combinaison... j'ai pas de savon, rien... d'abord je veux du chocolat, oui, je veux du chocolat !

---

1. ***Apatrides*** : voir note 5, p. 78.
2. ***Vissent*** : font des plis disgracieux.
3. ***Cordonnet*** : gros fil de soie.

GISÈLE. – Ben qu'est-ce qui te prend Mimi ?
MARIE. – T'as des envies ?
MIMI. – Quoi, quoi, j'ai pas raison ? La fin des restrictions ? Pour eux oui, qu'est-ce qu'on a nous, qu'est-ce qu'on a, y a même pas de papier cul dans nos chiottes, même pas de papier cul… *(Hélène est entrée depuis quelques instants, madame Laurence et Gisèle essaient en toussant de prévenir Mimi qui, après s'être aperçue de la présence d'Hélène, enchaîne aussitôt.)* Quoi, quoi, j'ai pas honte, je peux le dire devant madame Hélène, c'est la coupe qui va pas, c'est la coupe, pas mes boutonnières…

Hélène continue à raccrocher des vestes sur la barre du haut, peut-être celles que Max vient de retourner.

Scène 7

L'ACTE DE DÉCÈS

En 1949, un après-midi… Au travail, Mimi, Gisèle, madame Laurence, Jean, le nouveau presseur, Hélène à sa table d'entoilage. Simone est en train d'ôter son manteau pour enfiler sa blouse.

HÉLÈNE *lui demande.* – Vous l'avez ? *(Simone fait oui de la tête.)* Faites-moi voir. *(Simone sort alors d'une grande enveloppe une feuille de papier qu'elle tend avec précaution à Hélène. Simone s'installe et se met au travail. Hélène lit à voix basse.)* Acte de décès… par un jugement du tribunal civil de la Seine… par ces motifs le tribunal dit et déclare monsieur… décédé à Drancy, Seine. Décédé à Drancy ? Pourquoi ils ont mis décédé à Drancy ?

SIMONE, *sans lever les yeux de son travail.* – Ils font comme ça !

HÉLÈNE, *levant le ton malgré elle.* – Qu'est-ce que ça veut dire ils font comme ça ? *(Simone ne répond pas, elle coud avec une grande énergie. Hélène lisant jusqu'au bout.)* Décédé à Drancy, Seine, le 3 mars 1943. Qu'est-ce que ça veut dire ? Il a glissé sur un trottoir à Drancy, Seine et il est mort ?

Le presseur s'approche, prend l'acte de décès et lit à son tour. Hélène essaie de se contenir. Simone travaille indifférente.

JEAN, *après avoir lu, explique.* – Ils mettent le dernier endroit où le défunt a laissé une trace… légale… Là c'est la date et le lieu de son départ pour… C'est pour que ce soit… plus… *(il cherche ses mots)* plus… légal.

HÉLÈNE, *le coupant.* – La date de départ pour où ? Pour où ? Ils mettent pas que c'est une date de départ… Ils mettent mort à Drancy Seine un point c'est tout… *(Jean regagne sa table de presse sans rien dire. Silence. Hélène marche maintenant de long en large dans l'atelier, puis revient vers Simone.)* Dans votre acte de disparition, il y avait bien parti de Drancy le 3 mars quarante-trois en direction de Lublin Maïdanek, je l'ai pas inventé ? Pourquoi ils n'ont pas remis ça ? Simplement ça ?

SIMONE, *après un temps.* – Sur un acte de décès on peut pas mettre en direction de…

HÉLÈNE. – Pourquoi ?

SIMONE. – Faut être plus précis.

HÉLÈNE. – Pourquoi ? *(Simone ne répond pas, elle travaille de plus en plus énergiquement. Silence, Hélène hurle soudain.)* Fallait refuser ! Fallait refuser, vous n'avez pas à accepter ça en plus, vous n'avez pas à accepter ça !

LÉON *arrive, les ciseaux de coupe à la main.* – Qu'est-ce qui se passe, qu'est-ce qu'il y a encore ? Qu'est-ce qu'elle a fait ?

HÉLÈNE, *lui tendant l'acte.* – Tiens, lis !

LÉON. – Qu'est-ce que c'est que ça ?

HÉLÈNE. – Lis.

Léon parcourt le papier des yeux puis le rend à Hélène.

LÉON. – Très bien… Très bien. Comme ça elle aura plus à courir d'un bureau à l'autre, elle pourra peut-être rester de temps en temps, un peu assise là.

HÉLÈNE, *lui rendant le papier.* – Lis jusqu'au bout !

LÉON. – J'ai lu, j'ai lu jusqu'au bout, c'est très bien, très bien, tous les tampons y sont, c'est parfait !

HÉLÈNE. – Y a rien qui te choque ?

LÉON. – Qui me choque moi ? Tu crois que c'est la première fois que je vois un acte de décès ? *(Il ricane et hoche la tête.)* Que j'aie seulement autant de commandes cet hiver que j'ai déjà vu de…

HÉLÈNE, *criant.* – Mort à Drancy ! Mort à Drancy !

LÉON. – Et alors ? Drancy ou ailleurs... C'est un papier non ?

HÉLÈNE. – Pauvre idiot, « Drancy ou ailleurs », mais si ça n'existe pas sur leurs papiers, avec tous les tampons et toutes leurs signatures officielles, regarde – tribunal de la Seine... Greffier... Juge... enregistré le... certifié le... Alors personne n'est parti là-bas, personne n'est jamais monté dans leurs wagons, personne n'a été brûlé ; s'ils sont tout simplement morts à Drancy, ou à Compiègne, ou à Pithiviers, qui se souviendra d'eux ? Qui se souviendra d'eux ?

LÉON, *à voix basse.* – On se souviendra, on se souviendra, pas besoin de papier, et surtout pas besoin de crier.

HÉLÈNE. – Pourquoi ils mentent, pourquoi ? Pourquoi ne pas mettre simplement la vérité ? Pourquoi ne pas mettre : Jeté vif dans les flammes ? Pourquoi ?...

LÉON. – Un papier, c'est un papier, elle a besoin de ce papier pour essayer d'obtenir une pension, c'est tout, elle a même peut-être pas droit à cette pension, certainement pas droit, mais elle veut essayer, elle veut courir et courir encore dans les bureaux, c'est plus fort qu'elle, elle aime ça remplir des dossiers, des fichiers, des papiers, c'est son vice à elle et ce papier-là lui servira à rien d'autre... à rien d'autre... C'est un papier pour obtenir d'autres papiers, c'est tout !

HÉLÈNE. – Et ses enfants comment ils sauront ? Ils verront mort à Drancy et c'est tout ?

LÉON. – Ils sauront, ils sauront, ils sauront toujours trop.

HÉLÈNE. – Bien sûr avec toi moins on sait mieux on se porte.

LÉON. – Ceux qui devraient savoir ne sauront jamais, et nous on sait déjà trop, beaucoup trop...

HÉLÈNE. – Qui devrait savoir selon toi ?

LÉON, *après un silence, entre ses dents.* – Les autres.

HÉLÈNE. – Quels autres ?

LÉON. – Ne hurle pas comme ça, c'est un atelier ici, on est là pour travailler, pour travailler, pas pour faire de la philosophie… *(À Simone.)* Et toi range… qu'est-ce que t'as besoin d'étaler tes papiers ici, on donne pas de pension ici, on travaille ici, un point c'est tout… Pas besoin d'acte ou d'extrait !

HÉLÈNE. – Arrête de crier sur elle, c'est moi qui le lui ai demandé.

LÉON. – Et t'es quoi toi, juge, avoué[1], avocat, ministre des Anciens combattants et Victimes des guerres ? Tu veux tout régler toi avec ta langue, hein, règle d'abord mes problèmes à moi, s'il te reste un peu de temps, après tu t'occuperas de ceux des autres…

HÉLÈNE. – Quels problèmes tu as toi ?

LÉON. – Moi ? Aucun ! Je suis heureux, tellement heureux, j'en crève tellement je suis heureux, quels problèmes j'ai moi, quels problèmes j'ai ?… Et qui se souviendra de moi madame hein… qui se souviendra de moi à ton avis, qui ?

Hélène sort. Léon soupire puis range fébrilement dans l'atelier ; tout le monde travaille en silence. Léon reste un peu au centre les bras ballants, personne ne parle, personne ne se regarde. À Simone.

LÉON. – Ça va ?

SIMONE *hausse les épaules comme si tout ça ne la concernait pas du tout.* – Ça va…

LÉON. – Bon… bon…

Il sort.

---

1. ***Avoué*** : représente les parties devant les cours d'appel.

Scène 8

La réunion

En 1950. L'atelier en plein travail.

Léon, *au presseur tout en décrochant des vestes suspendues au fond de la pièce et au-dessus de la table de presse.* – Tu peux rester plus tard ce soir ?

Jean. – Je pars à six heures et demie…

Léon. – Six heures et demie, t'es fonctionnaire maintenant ?

Jean. – C'est vendredi aujourd'hui ?

Léon. – C'est ça, vendredi veille du samedi.

Jean. – Tous les vendredis je pars à six heures et demie : j'ai réunion.

Léon. – T'as réunion vendredi soir et moi je dois livrer samedi matin ! *(Jean ne relève pas, il travaille calmement. Léon hausse les épaules puis gagne la porte. Sur le point de sortir, il se ravise*[1] *et enchaîne.)* Votre révolution vous la ferez ce soir, à cette réunion-là ?

Jean. – Je ne pense pas.

Léon *soupire.* – Dommage !… C'était une bonne excuse pour livrer en retard demain matin… Dommage… C'est juste une réunion pour discuter alors, pour préparer non ? Pour une fois ils peuvent discuter un peu sans toi non ?

Jean. – Non !

Léon. – T'es un si grand chef que ça que même discuter ils peuvent pas le faire sans toi ?

---

1. ***Se ravise*** : revient sur sa décision.

JEAN *pose le fer brutalement.* – Si vous voulez un presseur qui travaille jour et nuit pour vous faire plaisir…

LÉON. – Personne travaille ici pour me faire plaisir…

JEAN. – On est pas mariés ensemble hein ! C'est pas les places qui manquent…

LÉON, *prenant les ouvrières à témoin.* – Mais c'est une vraie maladie, tous les presseurs veulent partir d'ici ! Elle est pas bien cette table, elle penche, le fer est trop lourd, vous voulez du thé à cinq heures, je suis pas un singe assez souriant ?

Il fait une grimace horrible, les ouvrières protestent et lui proposent des bananes.

JEAN. – Le vendredi, tous les vendredis j'ai réunion et je quitte à six heures et demie.

LÉON. – Va, va quitte, quitte, que Dieu te garde ! Tu sais quoi, on va se répartir les tâches : toi tu te réunis et tu t'occupes du bonheur de toute l'humanité et moi je repasse ici cette nuit et je m'occupe de la livraison de demain, là, ça va comme ça ? Seulement une chose que je voudrais te faire remarquer, gentiment, moi tous les samedis qu'il y ait réunion révolution ou n'importe quoi je dois livrer alors je livre mais vous il y a des années et des années que vous vous réunissez pour parler du changement et du bonheur et je vois toujours rien… J'ai beau regarder : où est le bonheur, où est même le changement ?

JEAN. – C'est que vous regardez pas du bon côté.

LÉON. – Tourne-moi comme tu veux que je voie enfin quelque chose dans ma vie. Ou donne-moi au moins une date : le changement sera livré tel jour et le reste de votre commande, la justice, le bonheur, etc., suivra dans les trente jours.

JEAN. – Monsieur Léon…

LÉON. – « Monsieur » aïe aïe…

JEAN. – Que j'aille tous les vendredis à cette réunion et que vous puissiez rien faire pour m'en empêcher c'est déjà un grand bonheur pour moi et un petit changement pour vous non ?

LÉON. – Admettons !… Au moins n'oublie pas de leur dire que tous les ans régulièrement je t'achète l'almanach ouvrier paysan et des vignettes pour la fête de *L'Humanité*[1] où je ne mets pourtant jamais les pieds parce qu'il y pleut tout le temps…

JEAN. – Vous inquiétez pas, je m'arrangerai pour qu'on vous fusille dans les derniers !

LÉON. – Ma femme aussi ?

JEAN. – Votre femme aussi.

LÉON. – Merci, c'est bon de se sentir protégé. Simone, tu restes avec moi pour coudre les boutons, t'as pas réunion toi au moins.

Il sort sans attendre la réponse.

MIMI, *à Simone.* – T'es conne pourquoi t'acceptes ? Pourquoi tu l'envoies pas chier ?

GISÈLE. – Il peut pas demander à sa femme ?

MIMI. – Penses-tu, elle écaillerait son rouge à ongles.

Simone coud, indifférente.

GISÈLE. – Et tes gosses ?

SIMONE. – Quand ils me voient pas le vendredi soir, ils viennent me chercher.

MIMI. – Eh ben tout est parfait, si t'aimes ça…

JEAN. – On lui chierait sur la tête, elle dirait encore merci… Vous avez des droits, vous les connaissez même pas, comment voulez-vous vous faire respecter ?

Silence. Tout le monde travaille. Soudain Simone se jette sur la table la tête dans ses mains et elle éclate en sanglots. Tout s'arrête.

MIMI. – Ça y est c'est reparti…

---

1. ***Fête de L'Humanité*** : fête annuelle organisée par le journal communiste *L'Humanité* dans les premiers jours du mois de septembre.

MARIE. – Ben qu'est-ce que t'as Simone ?

GISÈLE, *la prenant par les épaules.* – Il a pas dit ça méchamment.

MADAME LAURENCE, *au presseur.* – Vous voyez, vous voyez de quoi je me mêle ?... Des « droits » !

JEAN. – Quoi j'ai rien dit moi...

MADAME LAURENCE. – Oh, ça va hein on est pas sourdes.

SIMONE, *tout en pleurant, secoue la tête.* – C'est pas ça...

MIMI. – Qu'est-ce que t'as, pourquoi tu pleures encore ? Hein ? Tu veux que j'aille lui dire moi au singe que tu restes pas ce soir, ça va pas faire un pli avec moi.

Simone fait non de la tête.

MADAME LAURENCE, *se levant.* – Venez vous asseoir à ma place ça vous changera et vous aurez un peu plus d'air, il fait une chaleur aujourd'hui et avec ces tissus d'hiver en plus...

Simone remercie de la main mais ne bouge pas.

MIMI, *à voix basse.* – T'as tes ours[1] ? *(Simone fait non de la tête. Mimi encore plus bas.)* Tu pensais à ton... ?

SIMONE, *faisant toujours non de la tête.* – Je pensais à rien, à rien, j'ai rien... rien...

MIMI. – Et qu'est-ce que t'as besoin de leur pension on vit très bien sans, va... Pas la peine de te rendre malade... Qu'ils la gardent leur pension, qu'ils crèvent avec !

Simone hausse les épaules, l'air de dire : « C'est pas ça non plus. »

GISÈLE. – C'est tes gamins, ils se sont encore disputés hein... Moi ma vieille quand les gosses m'énervent je préfère que ce soit elles qui pleurent que moi et je te prie de croire, tiens hier soir je rentre, la grande avait taché sa blouse, elle vient de la mettre, elle est bonne à relaver, souillon je lui dis, c'est toi qui la relaveras... alors bien sûr son père a pris sa défense et ça

1. ***Tes ours*** : tes règles (familier).

a été des cris et des cris, j'ai pleuré toute la nuit… J'ai pas fermé l'œil… Ah ! je te jure y a des jours…

Gisèle se met à renifler elle aussi.

MIMI, *entre ses dents tout en menaçant Gisèle du doigt.* – Toi ta gueule, hein ?

GISÈLE, *se reprenant.* – Quoi encore ? J'ai pas le droit de raconter ?

Elle sanglote maintenant en faisant semblant de se moucher.

SIMONE, *tapant sur la table.* – Mais pourquoi je pleure, pourquoi je pleure ? Je sais même pas pourquoi…

MIMI. – Bon arrête et rigole !

SIMONE. – Je peux pas, je peux pas.

MIMI. – Chatouille-toi sous les bras ! *(Simone sanglote encore. Silence.)* Bon alors pleure ma vieille tu pisseras moins ! *(Simone rit dans ses larmes.)* Là, tu vois ça vient… Tu veux que je te dise comment elle était celle du bossu ?… Toute tordue, toute fripée, fallait la toucher pour qu'elle se mette droite…

Simone secoue la tête et ses sanglots redoublent.

JEAN, *tout en s'habillant.* – Laisse-la donc, tu l'abrutis avec tes conneries.

MIMI. – Toi t'occupe pas du chapeau de la gamine[1] hein…

JEAN. – Si vous exigiez toutes ensemble d'être payées à l'heure il hésiterait avant de vous faire rester plus tard. Faut savoir se faire respecter. Sinon…

GISÈLE. – Moi personnellement, je préfère être aux pièces[2]…

JEAN. – À l'heure, tu fais tes heures et le reste c'est payé en heures supplémentaires.

GISÈLE. – On doit se sentir moins libre…

---

1. ***T'occupe pas du chapeau de la gamine*** : ne te mêle pas des affaires des autres.

2. ***Être aux pièces*** : être payée au travail accompli et non à l'heure.

MIMI. – Surtout toi qui pisses toutes les cinq minutes…

GISÈLE. – Moi je pisse toutes les cinq minutes ?

MADAME LAURENCE. – Y a pas de honte… allez…

GISÈLE. – Y a pas de honte j'y vais jamais c'est tout…

MADAME LAURENCE. – Mais enfin c'était pas un reproche…

GISÈLE. – J'y vais pas, j'y vais jamais…

MIMI. – Tu sors pourquoi alors ?

GISÈLE. – Je sors pas, c'est les autres qui sortent…

MADAME LAURENCE. – C'est terrible on dirait qu'on vous accuse de…

JEAN, *après un bref silence.* – Vous avez vraiment de l'eau tiède dans la tête.

MIMI, *lui montrant l'heure.* – Et cours coco[1] sinon tu vas être en retard pour pointer[2]. *(Le presseur sort en claquant la porte. À Simone qui pleure toujours, tout en travaillant.)* Maintenant on est entre nous, tu peux te déboutonner va.

Simone sanglote.

MARIE. – Elle va s'étouffer à la fin.

GISÈLE. – Tu veux pas t'allonger un peu sur la table de presse ?

SIMONE, *secoue la tête, souffle un grand coup puis entre deux hoquets.* – Ça va aller, ça va aller, ça va aller…

Bref silence.

MIMI, *à Simone.* – Tu veux que je te dise ?

GISÈLE. – Fous-lui la paix.

MIMI. – Un bon ramonage de temps en temps de bas en haut, ça enlève les araignées et ça chasse les idées noires.

GISÈLE. – Pouah… pour ce que c'est agréable… elle a pas assez d'ennuis comme ça peut-être ?… Un bonhomme ça lui ferait

---

1. ***Coco*** : voir note 2, p. 77.

2. ***Pointer*** : passer le contrôle à l'entrée et à la sortie d'une usine. Ici, employé ironiquement puisque le presseur ne va pas travailler.

de la lessive en plus un point c'est tout, déjà qu'elle passe la moitié de la nuit à décrasser le linge de ses mômes.

MIMI. – Et les blanchisseuses[1] c'est pour les chiens ?

GISÈLE. – Elle a pas besoin de ça je te dis.

MIMI, *à Simone*. – L'écoute pas... Tiens dimanche je t'emmène danser, tu te lèveras un beau petit...

GISÈLE. – Ce que tu peux être dégueulasse... vraiment... y a des jours...

MARIE. – Ce qui lui faut c'est quelqu'un qui l'aide, qui la soutienne...

MIMI. – « Prosper yop la boum c'est le roi du macadam... »

MARIE, *la coupant, agacée*. – Non, je veux dire quelque chose de durable.

MIMI. – Ça c'est juste, plus c'est dur plus c'est bon... Quand c'est mou c'est pas valable...

Toutes alors s'écroulent de rire.

MADAME LAURENCE, *à Simone, sans rire*. – Vous vous sentez mieux !

SIMONE, *s'essuyant les yeux et riant maintenant*. – Je sais pas ce qui m'a pris, j'étais bien et puis j'ai eu comme l'impression d'étouffer...

MIMI, *pleurant de rire*. – Eh oui, à la longue ça étouffe.

GISÈLE. – Oh ta gueule laisse-la parler... Moi aussi des fois j'ai envie de... j'ai envie de... et puis ça sort pas, y a comme... comme...

Elle cherche ses mots.

MIMI. – Comme quoi pétasse[2] ?

---

1. ***Blanchisseuses*** : femmes qui se chargent de laver le linge.
2. ***Pétasse*** : voir note 1, p. 96.

GISÈLE. – Comme de la ouate[1], là. *(Elle se tape sur la poitrine. À Simone.)* C'est pas vrai, c'est pas vrai, comme un bout de ouate qui ?...

Simone hausse les épaules en signe d'ignorance.

MIMI, *à Gisèle.* – Ouais, mais toi t'as pas de raison, t'es heureuse toi, t'as un p'tit mari, une p'tite maison, des p'tites filles...

GISÈLE. – Bien sûr, bien sûr...

SIMONE. – Mais moi aussi, moi aussi, les gosses vont bien, ils suivent bien l'école, ici on a du travail toute l'année, y a pas de mortes-saisons...

MIMI. – Ce qui te manque...

GISÈLE. – Fous-lui la paix.

MIMI. – Viens danser avec moi dimanche, je dirai à mon Mickey que je dois aller voir ma mère comme il peut pas la blairer.

SIMONE. – T'es bête qu'est-ce que je ferai des gosses ?

MIMI. – Même le dimanche ils te collent au train, ben ma vieille t'es pas dégourdie, envoie-les jouer au foot... ou camper...

GISÈLE. – Merci... Pour qu'ils prennent froid... merci...

SIMONE. – Dimanche c'est leur jour, on va au cinéma...

MIMI. – Tous les dimanches ?

SIMONE. – Sauf quand il fait beau alors on se promène... En fin d'après-midi on passe voir mon père...

MARIE. – Chez les vieux ? *(Simone fait oui de la tête.)* Avec les enfants ?

SIMONE. – Faut bien non ?

MIMI. – Eh ben dis donc, charmante journée... Tu t'étonnes après, quand c'est que tu te changes un peu les idées alors ?

Bref silence.

SIMONE. – Ici, avec vous...

---

1. ***Ouate*** : matière cotonneuse qui sert à la fabrication des épaulettes.

■ *L'Atelier*, création de la pièce, dans une mise en scène de Maurice Bénichou, Jean-Claude Grumberg et Jacques Rosner (1979), avec Brigitte Mounier, Geneviève Mnich et Charlotte Maury (les ouvrières). Dans l'atelier, les scènes de rire succèdent aux scènes de pleurs, la pièce oscillant sans cesse entre comique et pathétique.

Scène 9

Refaire sa vie

Un soir d'été en 1951. Les fenêtres sont grandes ouvertes. Simone, assise à la place de madame Laurence, coud des boutons. Hélène, à la table d'entoilage, tente de mettre des vêtements dans des cartons en les froissant le moins possible. Elle s'énerve.

HÉLÈNE. – Ça va être des vrais chiffons…

SIMONE. – Ça part où ?

HÉLÈNE. – Belgique… *(Entre Léon, il s'assied à la table près de Simone et rit sans raison.)* Ça y est, c'est fini ?

LÉON. – Devine ce qui m'est rentré ?

HÉLÈNE. – De quoi tu parles ?

LÉON. – Je touche trois as, un roi noir, une dame rouge, je demande deux cartes, je jette le roi et la dame et devine ce qui me rentre ?

HÉLÈNE. – Deux as ?

LÉON. – Deux as ? Un as ! Y a que quatre as en tout j'en ai déjà trois…

HÉLÈNE. – Est-ce que je sais moi ?… Pourquoi c'est pas Max qui fait cette expédition ?

LÉON, *à Simone.* – Vous jouez aux cartes ?

SIMONE. – À la bataille avec les gosses…

LÉON. – Carré d'as la première fois de ma vie, et il faut que ce soit avec mes propres mécaniciens… C'est fini maintenant s'ils veulent jouer on jouera sérieusement, on n'a plus l'âge de jouer avec des boutons. En plus c'est mes boutons, ils prennent vraiment aucun risque…

HÉLÈNE. – Oh ! j'en ai marre, j'y arrive pas, les cartons sont trop petits !

LÉON. – Laisse, laisse, je vais le faire, faut que je fasse tout ici, c'est simple…

HÉLÈNE. – C'est ça, c'est ça… Pourquoi c'est pas Max ?

LÉON. – J'ai le droit d'avoir mes propres clients sans passer par monsieur Max, je suis pas lié à vie avec monsieur Max…

HÉLÈNE. – T'es sûr qu'ils paieront au moins ?

LÉON. – Pourquoi ils paieraient pas ?

HÉLÈNE. – Je demande c'est tout…

LÉON. – Parce que j'ai eu quelques impayés tu vas… *(Il se lève et aide Hélène à faire le paquet. Simone a terminé sa pièce, elle l'accroche et en prend une autre. Léon à Simone.)* Des nouvelles des enfants ?

SIMONE. – Oui j'ai reçu une carte.

LÉON. – Ça va ?

SIMONE. – Oui merci…

LÉON. – Ils sont où déjà ?

SIMONE. – En RDA[1].

HÉLÈNE. – Alors tu m'aides ou tu causes ?

LÉON. – Je t'aide et je cause, je peux faire deux choses à la fois, j'ai pas deux mains gauches comme toi…

HÉLÈNE, *le regardant faire un instant.* – Bien sûr, c'est pas difficile comme ça, mais tu vois pas : ça va être de vrais chiffons en arrivant… Roule-les en boule carrément pendant que t'y es…

LÉON. – Ils savent pas repasser en Belgique ?

---

1. ***RDA*** : République démocratique allemande, ou Allemagne de l'Est, créée en 1949 (à partir de 1945, les Alliés, qui s'étaient entendus pour juger les criminels de guerre nazis et mener la dénazification, montrèrent progressivement leur désaccord sur l'orientation politique et économique à donner à leurs zones d'occupation respectives en Allemagne ; l'Allemagne fut divisée en deux : à l'Ouest, la RFA, République fédérale d'Allemagne ; à l'Est, la RDA). Cet État fut un satellite de l'URSS.

HÉLÈNE. – Bon, bon, laisse, laisse, tu m'énerves encore plus, je préfère le faire seule…

LÉON, *à Simone.* – RDA ? C'est pas l'Allemagne ça ?

HÉLÈNE. – L'air est très bon là-bas.

LÉON. – Oui, oui, on dit ça…

SIMONE. – Ils sont très contents.

LÉON. – Vous les avez prévenus, au moins ?

HÉLÈNE. – Léon je t'en prie.

LÉON. – Quoi, j'ai rien dit !

HÉLÈNE. – Justement le dis pas.

LÉON. – C'est terrible elle sait à l'avance… Enfin…

SIMONE, *à Hélène.* – Je voulais pas les envoyer là-bas et puis je me suis dit après tout si c'est la Fédération[1] qui organise…

HÉLÈNE. – Vous avez bien fait c'est très sain comme climat…

LÉON. – Ouais, ouais…

SIMONE. – Le grand m'a écrit qu'on les avait emmenés en autocar visiter Ravensbrück[2]…

LÉON, *à Hélène brusquement.* – Mais pourquoi tu fais ce carton maintenant ? Tu veux que ça reste froissé toute la nuit hein ?

HÉLÈNE. – Tu m'as dit que ça devait partir demain matin à l'aube… J'ai fait rester Simone exprès…

Simone a accroché la pièce qu'elle venait de terminer et s'apprête à partir.

LÉON. – Je le ferai demain, laisse…

HÉLÈNE. – On n'aura pas le temps demain !…

LÉON. – Laisse je te dis !

HÉLÈNE. – Non, j'ai commencé je finis !

LÉON, *à Simone.* – Têtue hein ?… Vous allez vous coucher maintenant ?

SIMONE. – Oui, enfin, je rentre…

---

1. Fédération nationale des déportés et internés patriotes (1945).

2. ***Ravensbrück*** : camp de concentration nazi, créé dès 1934 et réservé aux femmes.

LÉON. – Vous profitez pas un peu que les gosses sont en vacances pour…

HÉLÈNE. – Léon !

LÉON. – Quoi encore ?

HÉLÈNE. – T'arrêtes ?

LÉON. – Qu'est-ce que j'ai dit ? Elle est pas en âge de… Faut lui parler comme à une jeune fille par sous-entendus ?

Simone sourit.

SIMONE. – Vous savez le soir j'ai toujours des choses à faire à la maison et puis… et puis…

Elle rit.

HÉLÈNE. – Bien sûr… bien sûr… Ils se rendent pas compte…

LÉON. – Qui se rend compte ici ? C'est vous qui vous rendez pas compte… Si vous profitez pas que les gosses sont pas là pour sortir, pour voir du monde, faire des connaissances, comment voulez-vous refaire votre vie, hein, comment ?

SIMONE. – J'y tiens pas du tout monsieur Léon, je suis bien comme je suis… très bien…

LÉON, *péremptoire à Simone.* – Asseyez-vous… *(Il s'installe à côté d'elle.)* Vous connaissez le *Thermomètre* place de la République, non, c'est un café à l'angle du boulevard Voltaire ou de l'avenue de la République, un grand café, bon, tous les dimanches matin il y a une dame, madame Fanny, très gentille dame, qui s'occupe de refaire les vies de gens qui… Vous y allez de ma part, vous lui parlez et si elle a quelqu'un, hein, va savoir, qui correspond, elle vous présente… Ça vous engage à rien, hein, si ça va, ça va, si ça va pas, au revoir et merci, on n'est pas obligé d'acheter, l'entrée est libre… enfin vous comprenez… *(Silence, Hélène regarde Simone. Simone brusquement éclate de rire. Léon à Hélène.)* Qu'est-ce qu'il y a, qu'est-ce que j'ai dit de drôle ? Pourquoi rester seule quand on peut encore faire le bonheur de quelqu'un, il y a tellement d'hommes qui ont souffert et qui sont seuls… Elle est normale non, elle peut vivre normalement alors… Et même si elle était moche comme un pou, avec un appartement de trois pièces, on trouverait toujours quelqu'un que ça intéresse… *(Simone rit de plus en plus.)* Bon mettons que j'aie rien dit…

SIMONE, *se calmant.* – Je m'excuse monsieur Léon, j'ai jamais été au café *Thermomètre*, mais on m'a justement présenté quelqu'un y a pas très longtemps…

LÉON. – Ah ! ah ! tu vois ? Tu vois !

Simone rit de nouveau.

SIMONE. – Il est même venu à la maison !

Hélène laisse tomber la confection de son paquet et court s'asseoir elle aussi près de Simone.

HÉLÈNE. – Mais c'est formidable ! Formidable !

SIMONE. – Les gosses lui ont fait une vie tellement impossible il est parti et je ne l'ai plus jamais revu, ils ont été odieux avec lui… *(Elle rit.)* Heureusement parce que la personne qui me l'avait présenté a appris depuis que c'était un type déjà remarié justement grâce à cette madame Fanny et comme il se trouvait pas assez bien logé chez sa nouvelle femme, il cherchait un appartement plus grand, c'est pour ça qu'il avait demandé à visiter le mien… *(Elle rit.)* Vous savez ce qu'il a dit en partant : « C'est un trois pièces, mais c'est un petit trois-pièces… » Je regrette pas, j'y tenais pas du tout, d'abord je crois que même si je voulais je pourrais pas…

LÉON. – On dit ça… c'est pas tous des salauds, il y a des hommes bien qui cherchent quelqu'un…

SIMONE. – Les enfants sont trop grands, ils seraient trop malheureux, ils ont pris l'habitude d'être les hommes à la maison et puis vous savez quand je me suis mariée avec mon mari c'était déjà un mariage arrangé, on nous avait présentés… Je dois dire que je suis bien tombée, j'ai jamais eu à me plaindre, c'était un bon mari, mais aujourd'hui… faudrait que ça se passe autrement, sinon, je crois que je pourrais pas… Quand ce type est venu à la maison, d'abord je l'avais vu une fois chez la personne qui me l'a présenté, eh bien quand il est venu à la maison …

HÉLÈNE. – Comment il était ?

SIMONE. – Bien, il avait un peu la gueule de travers, mais il était pas si mal, c'était un homme qui avait eu des malheurs, beaucoup de malheurs… J'ai eu du mal à pas éclater de rire devant lui… Dès qu'il a eu le dos tourné on a eu une crise tous les trois, le plus petit s'est mis à l'imiter il nous a refait toute la visite de l'appartement avec les commentaires… Le type avait un peu l'accent yid[1], le petit l'imite tellement bien, on a ri, on a ri… non c'est trop compliqué et puis vous savez, je suis très bien comme ça, je me sens libre, je pourrais plus… bon… bonsoir…

Elle sort.

HÉLÈNE. – À demain bonsoir.

Silence.

LÉON. – Moi je disais ça hein…

HÉLÈNE. – T'as des idées vraiment…

Silence.

LÉON. – Bon on va se coucher.

HÉLÈNE, *désignant le paquet toujours défait.* – Tu le feras demain ?

LÉON. – Je le ferai demain…

HÉLÈNE. – Il faut un carton plus grand…

LÉON. – Mais non, mais non.

HÉLÈNE. – Et la lettre ?

LÉON. – Quelle lettre ?

---

1. ***Yid*** : abréviation de *yiddish*, « Juif ».

HÉLÈNE. – Tu sais bien…

LÉON. – On la fera demain…

HÉLÈNE. – Demain tu me diras demain et encore demain…

LÉON. – J'ai pas de papier.

HÉLÈNE. – Fais-moi un brouillon là-dessus je recopierai…

LÉON. – T'as un crayon ?

Hélène lui donne un crayon.

LÉON *réfléchit un instant, puis.* – Qu'est-ce que je mets ?

HÉLÈNE. – Je t'en prie on en a parlé et reparlé…

LÉON. – Qu'est-ce que je mets pour commencer ? Qu'est-ce qu'ils mettent eux ?

HÉLÈNE. – « Chers cousins. »

LÉON. – Chers cousins et cousines ?

HÉLÈNE. – Si tu veux…

LÉON. – Chers cousins et cousines et petits-cousins et petites-cousines ?

HÉLÈNE. – Laisse ça je m'arrangerai.

LÉON. – Tu veux l'écrire ?

HÉLÈNE. – Non c'est ton cousin, t'écris toi…

LÉON. – Mon cousin, c'est même pas un vrai cousin, c'est un lointain cousin et elle je la connais pas, je l'ai jamais vue, lui déjà j'ai dû le voir deux fois dans ma vie grand maximum et j'étais gosse je me souviens même plus de la tête qu'il a, alors… *(Hélène soupire sans répondre.)* Bon ! Lointains cousins et lointaines cousines ou chers cousins lointains… *(Il écrit.)* Cousins lointains. Là ! Après ?

HÉLÈNE, *dictant.* – Si vous êtes toujours décidés à venir…

LÉON. – Tss, tss, tss… pas si vite… Tu crois pas qu'on doit les prévenir qu'ici aussi c'est dur, très dur, qu'il faut travailler, enfin je sais pas moi, qu'est-ce qu'ils espèrent, pourquoi ils partent de là-bas ?

HÉLÈNE. – On va pas revenir là-dessus, ils partent parce qu'ils ne supportent plus de vivre là-bas…

LÉON, *approuvant de la tête.* – Ils supportent plus… Et ça c'est une raison sérieuse pour tout quitter et débarquer chez les gens et dans un pays qu'on connaît à peine ?

HÉLÈNE. – Tu veux pas qu'ils viennent ? C'est simple : tu leur écris que tu ne peux pas les recevoir, un point c'est tout, mais ne me rends pas folle, on en a déjà parlé et reparlé, s'il te plaît !

LÉON. – Je demande s'il faut pas les prévenir, c'est tout, qu'ici aussi ça sera dur, qu'il faut travailler dur ; surtout qu'ils se fassent pas d'illusions…

HÉLÈNE. – Qui se fait des illusions ?

LÉON. – Je sais pas, peut-être qu'ils s'imaginent qu'ici y a qu'à se baisser pour ramasser du pognon ?

HÉLÈNE, *se levant.* – Écris ce que tu veux je vais me coucher.

LÉON. – C'est terrible ça : c'est toi qui me dis d'écrire et quand je me mets à écrire tu vas te coucher.

HÉLÈNE. – Bon écris : « Chers cousins, vous serez les bienvenus, nous vous attendons, à bientôt. Signé Hélène et Léon. »

LÉON. – Si c'est pour écrire ça t'as pas besoin de moi.

HÉLÈNE. – Je veux que ce soit toi qui l'écrives !

LÉON. – Pourquoi ?

HÉLÈNE. – Je te connais va…

LÉON *soupire.* – Bon, chers cousins lointains, venez nous vous attendons… non… Si vous êtes toujours décidés à venir, écrivez-nous pour nous dire quand vous avez l'intention d'arriver afin que nous puissions nous organiser au mieux pour pouvoir vous héberger les premiers temps… Là…, c'est bien comme ça ? *(Hélène ne répond pas.)* T'aimes pas les premiers temps ?

HÉLÈNE. – C'est simple, si tu veux pas qu'ils viennent, écris : Ne venez pas… J'ai mal à la tête…

LÉON. – Je pourrais écrire « ne venez pas », à mon propre cousin qui m'appelle à l'aide après tout ce qu'ils ont souffert ? Je veux simplement que… on a une responsabilité non ? Est-ce que je sais ce qu'ils ont dans la tête, pourquoi ils veulent partir de Pologne, pourquoi ils veulent venir ici, justement ici, pourquoi ils vont pas je ne sais pas moi, en Israël par exemple ?… Ils s'imaginent peut-être qu'on a une fabrique immense qu'on roule sur l'or et les diamants.

HÉLÈNE, *hors d'elle.* – Ils sont communistes, ils se foutent de l'or, ils se foutent des diamants, ils n'ont personne en Israël, leurs enfants parlent français, ils veulent venir en France, vivre en France, travailler en France !

LÉON. – S'ils sont communistes pourquoi ils restent pas là-bas où justement maintenant tout le monde est communiste ?

HÉLÈNE. – Bon, je vais me coucher.

LÉON. – On peut même plus discuter, alors ? J'essaie de…

HÉLÈNE, *le coupant.* – Discute avec les murs, moi je suis fatiguée, j'ai mal à la tête, c'est ta famille, tu fais ce que tu veux, tu leur écris ce que tu veux…

Léon approuve de la tête. Hélène sort en pleurant.

LÉON. – C'est terrible ça, qu'est-ce que j'ai dit, qu'est-ce que j'ai dit ? C'est ma faute, c'est ma faute, c'est ma faute, si c'est la merde partout ?

Scène 10

Max

Une fin d'après-midi en 1952. Tout le monde est au travail, seule Simone manque. Mimi fredonne. Entre Léon affolé et courant comme s'il était poursuivi, il va directement se cacher sous la table de presse, derrière une pile de vestons non repassés, pendant qu'on entend, venant du couloir, la voix d'Hélène :

HÉLÈNE. – Mais puisque je vous dis qu'il n'est pas là.

MAX. – Où il est alors, où il est ?

HÉLÈNE. – Est-ce que je sais moi, on est pas agrafés ensemble…

MAX. – Je veux ma marchandise, vous entendez, je veux ma marchandise, je partirai pas sans ma marchandise.

HÉLÈNE. – Dès que c'est prêt…

MAX. – Je sais, je sais, vous mettez tout dans un taxi…

Max est entré suivi d'Hélène qui tente de le calmer, visiblement Max est à bout de nerfs, il contemple un instant l'atelier d'un air hagard puis découvre le tas de finitions qui attend Simone sur son tabouret, il gémit.

Mais rien n'est prêt, rien…

HÉLÈNE, *souriante.* – Voyons, monsieur Max, tout ce qui était prêt on vous l'a livré déjà.

MAX, *hurlant tout en ramassant les pièces au sol ou même les arrachant des mains des filles.* – Que des 40, que des 40, j'ai besoin de toutes les tailles, vous m'avez livré que des 40, ça me sert à rien que les 40… *(Il continue à ramasser des pièces et à les poser plus loin, il déplace le tas sous la table de presse et découvre Léon.)* Léon !

LÉON, *comme s'il se réveillait.* – Hein !

MAX. – Vous vous cachez sous les tables maintenant !

LÉON. – Je me cache moi ?

MAX. – Pourquoi j'ai pas reçu...

LÉON, *poursuivant son idée.* – Qui se cache ici ? Pourquoi je me cacherais chez moi dans ma propre maison... Je me suis assez caché dans ma vie... merci... c'est formidable... J'ai plus le droit d'aller et venir sous ma propre table de presse alors ?

MAX, *se contenant.* – Léon, Léon, Léon. Pourquoi vous m'avez dit ce matin au téléphone que vous aviez mis le reste de ma marchandise dans un taxi et que ça allait arriver d'un instant à l'autre ?

LÉON *hurle.* – Moi j'ai dit ça ? Moi j'ai dit quoi que ce soit au téléphone ? J'ai le temps de répondre au téléphone ?

MAX. – Non pas vous votre femme.

LÉON, *peiné.* – Hélène pourquoi tu dis des choses pareilles ? *(Hélène regarde Léon sans rien dire.)* Bon n'en parlons plus.

MAX. – J'ai des clients moi, ils attendent leur marchandise il faut que je sache, je les fais traîner depuis le mois dernier, le mois dernier ! Ce matin il y en a un qui est venu au magasin, il s'est installé sur un pliant et il ne veut pas bouger sans le reste de sa commande.

HÉLÈNE. – On va pas comme ça attendre les uns chez les autres, on pourra plus travailler bientôt...

MAX. – Madame, lui dans sa boutique il a aussi des clients qui attendent soit pour un mariage soit pour un enterrement... On ne peut pas faire attendre indéfiniment. Quand on promet pour une date il faut tenir sinon... Léon fais quelque chose on a toujours travaillé la main dans la main non ?

LÉON. – Oui mais c'est toujours la main à moi qui travaille !

MAX. – Je te jure que si tu me livres pas ce soir tout ce qui reste, tout, tu entends, tout, c'est fini entre nous, fini !

LÉON. – C'est fini ? Bon alors, c'est fini qu'est-ce que je dois faire maintenant : pleurer, me pendre ?

MAX, *la main sur le plexus*[1]. – Léon si un jour j'ai un ulcère[2]...

LÉON, *le coupant.* – Un ulcère, il parle d'un ulcère, j'en ai déjà deux, moi, deux, et une gastrite[3].

MAX. – Bon c'est fini, je supporte tout, tout, excepté la mauvaise foi !

LÉON, *à Hélène.* – Où est la mauvaise foi ? Je suis pas plus malade que lui peut-être ?

MAX. – Si vous vous organisiez un peu au lieu de travailler encore à la juive.

LÉON. – Ah ! je vois ce que c'est, il veut nous coller un organisateur gérant aryen, avec plaisir, qu'il vienne, cette fois je lui laisse les clefs et je cours en zone libre sur la Côte d'Azur...

MAX. – Pourquoi j'ai eu tous les 40 ?

LÉON, *le coupant.* – Chez moi c'est comme ça : tout ou rien !

MAX, *continuant.* – Ça me sert à rien tous les 40, c'est pas valable ça, si j'ai pas un peu de chaque taille, je peux pas livrer, je peux pas...

LÉON. – Vous croyez que je garde votre marchandise chez moi par vice, hein ? Livrez, livrez, qu'est-ce que j'ai d'autre comme but dans la vie, qu'est-ce que j'ai d'autre ?

HÉLÈNE, *à Léon.* – Léon je t'en prie. *(À Max.)* On va faire le maximum, ne vous inquiétez pas...

LÉON. – « Le maximum ! » Regardez, regardez ! *(Il désigne les ouvrières.)* Toutes les déprimées, toutes les nerveuses, toutes les instables et même les révolutionnaires viennent poser leurs fesses sur mes chaises et font semblant de travailler ; toutes, elles ont un frère, un père, une mère, une sœur, des enfants, un mari et à tour de rôle ça naît, ça meurt, ça tombe malade, qu'est-ce que j'y peux hein, qu'est-ce que j'y peux ?

---

1. ***Plexus*** : réseau de nerfs ou de vaisseaux, le plexus solaire est situé au creux de l'estomac.

2. ***Ulcère*** : détérioration de la muqueuse de l'estomac, plaie qui ne cicatrise pas et qui entraîne des souffrances chroniques.

3. ***Gastrite*** : inflammation aiguë de la muqueuse de l'estomac.

MAX. – Et chez moi on meurt pas, on naît pas chez moi ? Il me manque deux magasiniers et mon comptable veut devenir chanteur, il répète dans mon propre bureau, il me rend fou et moi je dois livrer pièce par pièce, courir après la marchandise qu'on me donne au compte-gouttes, tenir les livres, faire les factures, les expéditions pour la province.

LÉON. – Bien sûr, mais au moins vous, vous dormez la nuit…

MAX, *vexé*. – Moi je dors la nuit ? Moi je dors la nuit ?

LÉON. – Dès que je ferme les yeux celle-là… *(il désigne Hélène)*… me pousse du coude : tu dors ? Non bien sûr et ça y est c'est parti et tu te souviens celui-là, celle-là… comme par hasard ils sont tous morts et vous savez comment alors elle me parle d'eux et puis après elle pleure, elle pleure et puis elle s'endort mais moi c'est fini, fini, je peux plus dormir, je me lève, je vais dans la cuisine et je hurle… je veux rien avoir à faire avec les morts, les morts sont morts non et ceux-là sont mille fois plus morts que les autres morts puisqu'on les a même pas… bon… Il faut penser aux vivants non ? et par hasard le seul vivant proche qui lui reste c'est moi, moi, et elle, elle me tue la nuit pendant que les autres m'assassinent le jour…

Bref silence.

MAX. – Quel rapport avec ma marchandise ?

LÉON. – Qui parle de marchandise ici, qui ?

HÉLÈNE. – Léon, je t'en prie…

Max une main crispée sur le plexus se tord brusquement de douleur.

LÉON. – Regarde-le, regarde-le, ma parole il veut me faire le coup de l'ulcère, mais si j'avais que des ulcères moi j'irais danser tous les soirs dans les caves le swing…

MAX. – Léon, sérieusement, parlons d'homme à homme…

LÉON. – C'est ça, parlons : qu'est-ce que c'est au juste que votre tissu hein ? Spécial synthétique pur chimique c'est ça que vous vouliez pour faire plus chic hein ?... Vous croyez que je sais pas d'où il vient ?

MAX. – Il vient de Suisse !

LÉON. – C'est ça, c'est ça, il passe par la Suisse, il traverse la Suisse...

MAX, *à Hélène*. – Mais qu'est-ce qu'il veut dire ?

LÉON. – Je me suis dit au moins avec eux on sera livré à l'heure, jamais un train, jamais un convoi de retard, les meilleurs convoyeurs du monde ! Seulement pour nous, vous et moi, monsieur Max, le tissu est en retard, tant pis, je dis rien, je m'énerve pas, surtout pas s'énerver avec ces gens-là... Et quand leur tissu magique pur chimique arrive, une fois coupé, une fois monté, il a sa vie à lui ; il fait ce qu'il veut, demandez-leur... *(Les ouvrières font quelques timides réflexions sur la cochonnerie de la matière.)* Mettez le fer dessus, mettez-le, à sec il durcit comme une planche et rétrécit en largeur, humide il rétrécit en longueur et devient aussi souple et agréable qu'une éponge, on l'accroche, il s'allonge, il poche, il lustre[1] mais dites-lui, dis-lui, dis-lui, toi... *(Au presseur. Le presseur approuve.)* Et moi je dois voir tout ça et organiser !

MAX, *hurlant comme un dément*. – Cinquante pour cent fibranne cinquante pour cent polyamide, le dernier cri de la technique moderne, le dernier cri !

LÉON, *à voix basse*. – Oui, oui, dernier cri, qu'est-ce qu'ils ont là-bas en stock, des tonnes et des tonnes ? Des cendres et des cheveux[2], oui monsieur pas la peine de bouger les épaules, des cheveux, des montagnes de cheveux...

MAX. – Mais qu'est-ce qu'il dit, mais qu'est-ce qu'il dit ?

Léon arrache soudain les vêtements des mains des ouvrières et les jette aux pieds de Max puis il s'attaque aux vêtements accrochés. Hélène et le

---

1. ***Lustre*** : devient brillant.
2. C'est tout ce que l'on a retrouvé de millions de Juifs exterminés dans les chambres à gaz.

presseur tentent de le retenir et de le maintenir. Max affolé ramasse les vêtements et les replie en marmonnant des paroles incompréhensibles. Un enfant apparaît sur le seuil. Il a entre dix et douze ans, des lunettes, et découvre à peine étonné l'atelier en plein désordre.

MIMI, *voyant l'enfant l'appelle.* – Entre, ben entre…

L'ENFANT *s'est planté face à Léon puis d'un trait.* – Ma mère vous fait dire qu'elle est désolée mais elle pourra pas venir travailler aujourd'hui…

LÉON, *criant comme un dément.* – Et c'est à cinq heures du soir que tu viens me le dire ?

L'ENFANT, *pas du tout impressionné.* – Je pouvais pas venir avant j'étais à l'hôpital.

LÉON. – Et ton frère ?

L'ENFANT. – Il était à l'hôpital aussi.

LÉON. – Ah bon, vous êtes malades tous les deux ensemble, maintenant, bravo !

L'ENFANT. – Non c'est maman.

MIMI. – Elle est à l'hôpital ?

L'ENFANT. – Oui.

HÉLÈNE. – Qu'est-ce qu'elle a ?

L'ENFANT. – Elle tient pas debout, elle s'est levée pour venir travailler ce matin mais elle tenait pas debout alors mon frère a été chercher un docteur et il a dit qu'il fallait l'envoyer à l'hôpital. À l'hôpital, ils ont dit qu'ils allaient la garder en observation.

LÉON, *à Max.* – En observation. Vous voyez, vous voyez, qu'est-ce qu'on y peut, qu'est-ce qu'on y peut ?…

MAX. – C'est ça, je vais dire à mes clients qu'ils disent à leurs clients qu'ils n'auront pas leurs costumes pour se marier ou pour aller au bal parce que l'une de vos ouvrières est à l'hôpital en observation.

LÉON *hurle à Hélène.* – Qu'est-ce que t'attends, téléphone, passe une annonce : demande finisseuse qualifiée sans famille, sans enfant, ni veuve, ni mariée, ni divorcée, faisant pas de politique et en bonne santé, là, peut-être qu'une fois, qui sait, j'aurai la main heureuse… Et vous qu'est-ce que vous avez à être comme des mouches autour de ce gosse ? Vous êtes là pour travailler oui ou merde, alors travaillez, travaillez. Non mais regardez-les, regardez-les, ma parole, on dirait que je les paie déjà à l'heure…

Hélène est sortie.

MAX. – Léon sérieusement…

LÉON. – Chut on parle pas devant… *(Il montre l'atelier du menton. Il fait sortir Max et hurle avant de sortir lui-même.)* Personne quittera cet atelier avant que la commande de monsieur Max soit prête à livrer. *(Au presseur.)* Réunion ou pas réunion…

Il est sorti. On les entend discuter puis rire. Les femmes se pressent autour de l'enfant, elles posent ensemble une foule de questions sur la santé de Simone.

L'ENFANT *hausse les épaules et dit.* – Je sais pas elle est fatiguée…

MIMI. – Comment vous allez faire ton frère et toi ?

L'ENFANT. – Pour quoi faire ?

MIMI. – Pour manger et tout ça.

L'ENFANT. – Oh ! on va se débrouiller, je sais faire la cuisine, et le midi ça change rien on reste à la cantine.

JEAN. – C'est Lariboisière ?

L'ENFANT. – J'ai mis le nom de l'hôpital et tout ça sur un papier, c'est en banlieue…

Mimi prend le papier.

UNE VOIX. – Voilà on se tue pour élever des enfants…

UNE AUTRE. – Faudra l'aimer bien fort ta maman…

UNE AUTRE. – Toujours.

MADAME LAURENCE. – T'es gentil avec elle au moins ?

JEAN. – Mais laissez-le donc…

GISÈLE. – Dis donc mon chéri t'en as un beau manteau, c'est celui que les Américains t'ont envoyé ?

L'ENFANT. – Il est pas beau, c'est un manteau de fille.

MIMI. – C'est vrai : il boutonne dans l'autre sens, ça fait rien t'es bien beau quand même.

L'ENFANT. – Je l'aime pas… C'est un manteau de fille…

GISÈLE. – Ils sont quand même bien gentils les Américains d'envoyer des manteaux aux petits Français…

L'ENFANT. – J'aime pas les Américains.

GISÈLE. – Pourquoi mon lapin ?

L'ENFANT. – Je suis pas un lapin, j'aime les Russes, les Américains veulent la guerre…

Les ouvrières se tordent de rire.

JEAN. – Bravo… pour la peine je vais te donner un bonbon.

L'ENFANT. – J'aime pas les bonbons, merci, faut que je me sauve…

MIMI. – Dis à ta mère qu'elle revienne vite, qu'on ira la voir et… tu pourrais faire la bise en partant ou t'es déjà un trop grand monsieur pour embrasser les dames ? *(L'enfant revient, il embrasse Mimi. Celle-ci lui glisse un billet dans la main, l'enfant refuse.)* Mais si tu t'achèteras quelque chose et pour ton frère aussi.

Les autres l'embrassent également.

GISÈLE. – Elle se plaint d'où ta maman ?

L'ENFANT. – Elle se plaint pas, elle tient pas debout.

GISÈLE. – Elle pleure toujours autant ?

L'ENFANT. – Maman ? Elle pleure jamais…

MADAME LAURENCE. – Elle pourra bientôt revenir travailler…

L'ENFANT, *embrassant madame Laurence.* – Plus tard, mon frère et moi on travaillera et elle aura plus besoin de travailler jamais.

Tous approuvent. L'enfant va pour sortir.

JEAN. – Et moi on m'embrasse pas !
L'ENFANT. – On s'embrasse pas entre hommes.

Tous travaillent avec acharnement. Gisèle chante machinalement Les Roses blanches.

MIMI. – Ta gueule !

Gisèle s'arrête de chanter.
Le travail se poursuit un instant en silence.

■ *L'Atelier*, création de la pièce, dans une mise en scène de Maurice Bénichou, Jean-Claude Grumberg et Jacques Rosner (1979), avec Brigitte Mounier, Suzy Rambaud et Charlotte Maury (les ouvrières), et Jean-Claude Grumberg (Léon). Dans *L'Atelier*, toute la réflexion sur la Shoah et la possibilité de vivre après l'Holocauste s'inscrit dans un contexte très quotidien. Les personnages travaillent dans un atelier de confection, que les différentes mises en scène s'attachent à reproduire le plus fidèlement possible.

DOSSIER

Avez-vous bien lu?

1. Résumez brièvement la pièce.

2. Situez l'intrigue dans l'espace et dans le temps.

3. Pourquoi Simone vit-elle seule avec ses deux enfants ?

4. A-t-elle été inquiétée pendant la guerre ?

5. Que fait le mari de madame Laurence ?

6. Qu'est-ce qui rapproche Simone, Léon, Hélène et le premier presseur ?

7. Quel est le principal trait de caractère de Mimi ?

8. Qualifieriez-vous plutôt la pièce de comique (fait-elle rire ?) ou de pathétique (émeut-elle ? rend-elle triste ?) ? Vous justifierez votre réponse de manière précise en utilisant au moins trois arguments.

9. Quel est le niveau de langue employé (familier, soutenu...) ? Quel effet cela produit-il ?

10. À votre avis, quel est l'intérêt d'assister à une représentation de la pièce, par rapport à la simple lecture de celle-ci ? Vous justifierez votre réponse à l'aide d'au moins deux arguments.

Parcours de lecture

PARCOURS DE LECTURE N° 1 : **la scène d'exposition (p. 35-37)**

Relisez la première scène, de « *Un matin très tôt* » à « Madame Simone » (l. 1-53), puis répondez aux questions suivantes.

Une scène à valeur informative

1. Quelles informations la scène d'exposition donne-t-elle ? Qu'apprend-on sur le passé des personnages et sur leur situation au début de la pièce ?

2. Par quels moyens ces éléments sont-ils transmis au spectateur ?

Une immersion dans le quotidien d'un atelier

1. Commentez les didascalies : sont-elles nombreuses ? Comment sont-elles réparties ? Quelles sont leurs fonctions ?

2. Quels sentiments cette scène suscite-t-elle chez le lecteur/spectateur ?

3. Quel est le niveau de langue employé par les personnages ? Quel effet cela produit-il ?

PARCOURS DE LECTURE N^O 2 : **confidences nocturnes (p. 77-81)**

Relisez le passage de la scène 5, de « LE PRESSEUR, *avec difficulté*. – Il est parti quand ? » à « Je vais rentrer aussi » (l. 95-158), puis répondez aux questions suivantes.

Un dialogue informatif

1. Que nous apprend le dialogue entre Simone et le presseur ?

2. De nombreuses didascalies permettent au lecteur de mieux se représenter l'attitude des personnages pendant cet échange. À partir de celles-ci, imaginez la scène. Qui a le dessus ? À quoi peut faire penser ce dialogue ?

La mise à distance du pathétique

1. À votre avis, pourquoi l'auteur a-t-il choisi d'interrompre la conversation entre Simone et le presseur par l'arrivée de Léon ? Quel rôle ce dernier joue-t-il ici ?

2. Commentez les termes qu'emploie Simone pour évoquer les instances responsables de l'arrestation de son mari.

3. Quels sont les pronoms personnels utilisés dans la réplique du presseur, de « Dis-toi qu'il n'est jamais entré dans un camp » à « pour les douches ? » (p. 79, l. 125-133) ? Que révèle leur emploi ?

PARCOURS DE LECTURE N° 3 : l'acte de décès (p. 101-103)

Relisez le dialogue d'Hélène et de son mari dans la scène 7, de « Tiens, lis ! » à « Pas besoin d'acte ou d'extrait ! » (l. 42-93).

Deux conceptions antagonistes du devoir de mémoire

1. Sur quel sujet porte l'échange entre Hélène et Léon ?

2. Relevez et commentez le vocabulaire employé par Hélène pour désigner les déportés. Pourquoi l'acte de décès revêt-il à ses yeux une telle importance ?

3. Que pense Léon de l'acte de décès ? Comment le qualifie-t-il ? Comprenez-vous son attitude ?

Un dialogue véhément : la lutte verbale

1. Les didascalies opposent les deux personnages : à « HÉLÈNE, *criant* » répond « LÉON, *à voix basse* ». Comment expliquez-vous la différence d'attitude des deux époux ?

2. Quel est le registre employé par Hélène ?

À vos plumes !

Imaginez une mise en scène du passage que vous venez d'étudier (p. 101-103). Vous réfléchirez au décor et aux accessoires, mais aussi aux gestes des différents acteurs et à leurs déplacements dans l'espace.

Les camps de concentration : dire l'horreur

(groupement de textes n° 1)

Témoigner : Primo Levi, *Si c'est un homme* (1947)

Né à Turin, Primo Levi (1919-1987) est issu d'une famille juive piémontaise. En 1941, il obtient son doctorat en chimie, malgré les lois raciales fascistes promulguées cinq ans plus tôt. Ayant intégré un mouvement de résistance antifasciste, il est arrêté et fait prisonnier en décembre 1943, puis déporté à Auschwitz en février 1944 et interné, à quelques kilomètres, dans le camp de Monowitz pour travailler à l'usine de Buna, qui cherche à fabriquer du caoutchouc synthétique. Cette affectation dans un laboratoire de chimie lui permet d'échapper aux travaux de force. Il survit difficilement jusqu'à la libération du camp par l'Armée rouge en janvier 1945. Dès son retour, Primo Levi entreprend la publication du récit de cette expérience, commencé alors qu'il était encore prisonnier. Il s'agit, dit-il, de fournir une « étude dépassionnée de [...] l'âme humaine ». *Si c'est un homme* paraît en 1947. Primo Levi meurt quarante ans plus tard, probablement d'un suicide.
Dans l'extrait suivant, il raconte l'arrivée au camp d'Auschwitz, après un long voyage en train dans des wagons à bestiaux, où beaucoup trouvèrent la mort.

Et brusquement ce fut le dénouement. La portière s'ouvrit avec fracas ; l'obscurité retentit d'ordres hurlés dans une langue étrangère, et des aboiements barbares naturels aux Allemands quand ils commandent, et qui semblent libérer une hargne[1] séculaire[2]. Nous découvrîmes un large quai, éclairé par des projecteurs. Un peu plus loin, une file de camions. Puis tout se tut à nouveau. Quelqu'un

1. ***Hargne*** : mouvement de colère, agressivité.
2. ***Séculaire*** : ici, vieille de plusieurs siècles.

traduisit les ordres ; il fallait descendre avec les bagages et les déposer le long du train. En un instant, le quai fourmillait d'ombres ; mais nous avions peur de rompre le silence, et tous s'affairaient autour des bagages, se cherchaient, s'interpellaient, mais timidement, à mi-voix.

Une dizaine de SS, plantés sur leurs jambes écartées, se tenaient à distance, l'air indifférent. À un moment donné ils s'approchèrent, et sans élever la voix, le visage impassible[1], ils se mirent à interroger certains d'entre nous en les prenant à part, rapidement : « Quel âge ? En bonne santé ou malade ? » et selon la réponse, ils nous indiquaient deux directions différentes.

Tout baignait dans un silence d'aquarium, de scène vue en rêve. Là où nous nous attendions à quelque chose de terrible, d'apocalyptique, nous trouvions, apparemment, de simples agents de police. C'était à la fois déconcertant et désarmant. Quelqu'un osa s'inquiéter des bagages : ils lui dirent « bagages, après » ; un autre ne voulait pas quitter sa femme : ils lui dirent « après, de nouveau ensemble » ; beaucoup de mères refusaient de se séparer de leurs enfants ; ils leur dirent « bon, bon, restez avec enfants ». Sans jamais se départir de la tranquille assurance de qui ne fait qu'accomplir son travail de tous les jours ; mais comme Renzo s'attardait un peu trop à dire adieu à Francesca, sa fiancée, d'un seul coup en pleine figure ils l'envoyèrent rouler à terre : c'était leur travail de tous les jours.

En moins de dix minutes, je me trouvai faire partie du groupe des hommes valides. Ce qu'il advint des autres, femmes, enfants, vieillards, il nous fut impossible alors de le savoir : la nuit les engloutit, purement et simplement. Aujourd'hui pourtant, nous savons que ce tri rapide et sommaire avait servi à juger si nous étions capables ou non de travailler utilement pour le Reich[2] ; nous savons que les camps de Buna-Monowitz et de Birkenau n'accueillirent respectivement que quatre-vingt-seize hommes et vingt-neuf femmes de notre convoi et que deux jours plus tard il ne restait de tous les autres – plus de cinq cents – aucun survivant. Nous savons aussi que même

1. ***Impassible*** : qui ne laisse pas voir d'émotion particulière.
2. ***Reich*** : IIIe Reich, nom de l'Allemagne nationale-socialiste d'Adolf Hitler.

ce semblant de critère dans la discrimination entre ceux qui étaient reconnus aptes [1] et ceux qui ne l'étaient pas ne fut pas toujours appliqué, et qu'un système encore plus expéditif fut adopté par la suite : on ouvrait les portières des wagons des deux côtés en même temps, sans avertir les nouveaux venus ni leur dire ce qu'il fallait faire. Ceux que le hasard faisait descendre du bon côté entraient dans le camp ; les autres finissaient à la chambre à gaz.

Ainsi mourut la petite Émilia, âgée de trois ans, tant était évidente, aux yeux des Allemands, la nécessité historique de mettre à mort les enfants des Juifs. Émilia, fille de l'ingénieur Aldo Levi de Milan, une enfant curieuse, ambitieuse, gaie, intelligente, à laquelle ses parents, au cours du voyage dans le wagon bondé, avaient réussi à faire prendre un bain dans une bassine de zinc, avec de l'eau tiède qu'un mécanicien allemand « dégénéré [2] » avait consenti à prélever sur la réserve de la locomotive qui nous entraînait tous vers la mort.

Ainsi disparurent en un instant, par traîtrise, nos femmes, nos parents, nos enfants. Presque personne n'eut le temps de leur dire adieu. Nous les aperçûmes un moment encore, telle une masse sombre à l'autre bout du quai, puis nous ne vîmes plus rien.

Primo Levi, *Si c'est un homme*,
© Robert Laffont, trad. Martine Schruoffeneger, 1996.

1. Relevez les indices qui permettent de dire que ce texte est un témoignage historique (indices spatio-temporels, noms propres, noms de lieux, etc.).

2. Relevez les termes qui désignent les différents groupes de personnages. Sur quelle opposition reposent-ils ? Pourquoi ?

3. En quoi peut-on dire qu'il s'agit d'une « écriture dépassionnée » ?

---

1. ***Aptes*** : capables, désigne ici la capacité de « travailler ».
2. ***Dégénéré*** : ici, traître (car il aide les Juifs).

Dénoncer : Robert Antelme, *L'Espèce humaine* (1947)

Membre d'un réseau de résistance, Robert Antelme (1917-1990) est arrêté par la Gestapo en juin 1944 et déporté à Buchenwald, Gandersheim puis Dachau. Dans *L'Espèce humaine*, qui paraît en 1947, il raconte son expérience, et s'interroge plus profondément sur le sens du mot « homme » et sur les limites de cette « espèce ». Loin de la neutralité de ton recherchée par Primo Levi, Robert Antelme laisse ici entendre sa rage.
Dans l'extrait suivant, il est question du camp de Buchenwald, dont les détenus étaient internés essentiellement pour des raisons politiques et non « raciales ». Il décrit le ballet des visites quotidiennes de voisins curieux de voir les prisonniers. Une fermière et son fils, un tout jeune homme enrôlé dans les Jeunesses hitlériennes [1], pénètrent dans l'enceinte du camp.

On devient très moches à regarder. C'est notre faute. C'est parce que nous sommes une peste humaine. Les SS d'ici n'ont pas de Juifs sous la main. Nous leur en tenons lieu. Ils ont trop l'habitude d'avoir affaire à des coupables de naissance. Si nous n'étions pas la peste, nous ne serions pas violets et gris, nous serions propres, nets, nous nous tiendrions droits, nous soulèverions correctement les pierres, nous ne serions pas rougis par le froid. Enfin nous oserions regarder en face franchement le SS, modèle de force et d'honneur, colonne de la discipline virile et auquel ne tente de se dérober que le mal.

La fermière qui habite à côté de l'église a mis une robe de dimanche et des bottes. Elle est rouge, forte, elle rigole toujours en nous voyant… Elle ne pensait pas qu'un jour à côté de la ferme il y aurait une réunion de types tellement risibles. C'est grâce à ses SS qu'elle peut voir ça.

Son fils, Jeunesse hitlérienne, porte aujourd'hui l'uniforme avec le poignard et le brassard à croix gammée. Il boite un peu, ça le

1. ***Jeunesses hitlériennes*** : organisation paramilitaire nazie.

raidit. Il a une petite gueule inachevée de con imberbe. On en a rarement vu d'aussi belle. Lui aussi est fier de ses SS.

Quelquefois, la fermière tue un poulet pour le *lagerfuerer*[1]. Le cou du poulet avec la tête et la crête traînent par terre contre le mur de la ferme.

Le fils apporte le poulet au SS. Il parle sérieusement avec lui en nous regardant. Il tend une jambe en avant et il croise les bras. Il doit avoir seize ans. Pour la première fois de sa vie, il voit des Russes, des Polonais, des Français, des Italiens…

« L'Allemagne est un grand pays. On a réussi à en amener beaucoup comme ça en Allemagne. Évidemment le *Führer*[2] aurait pu les faire tuer. Mais c'est un homme bon et patient, le *Führer*. Quand même, c'est répugnant d'être aussi moche que ça. Quelles raisons peut avoir le *Führer* pour laisser vivants des types aussi moches ? Quand il y a un seau de soupe au milieu de la cour ils sautent tous dessus, ils gueulent, ils se foutent des coups. *Scheisse, Scheisse*[3] *!* Quand des hommes ne sont pas plus disciplinés, est-ce qu'on peut trouver qu'ils méritent de vivre ? Ça, des ennemis de l'Allemagne ? Une vermine, pas des ennemis. L'Allemagne ne peut avoir des ennemis comme ça. Est-ce qu'ils pensent quelque chose ? Quand je questionne le SS sur eux, il fait une grimace – parfois il rigole – et il répond *Scheisse* ! Si j'insiste, il répond qu'il n'y a pas grand-chose à dire. Il a l'air de ne rien penser d'eux, de ne pas penser à eux du tout. »

Le petit con nous regarde, agglutinés dans la carrière. Il vient de parler à une sentinelle. La sentinelle, c'est un vieux, il préférerait être chez lui. Le con ne comprend pas que la sentinelle n'ait pas des tas de choses à lui dire et qu'elle nous laisse comme ça, comme un troupeau, brouter notre travail. Pourtant, il porte l'uniforme des Jeunesses hitlériennes, on peut lui dire des choses. Le vieux regarde un peu de côté. Le petit con se dit que ça ne doit pas être drôle de faire

1. ***Lagerfuerer*** : celui qui dirige le camp. L'orthographe est fautive : il faudrait écrire « *Lagerführer* ».

2. ***Führer*** : « chef » (en allemand). Titre porté par Adolf Hitler.

3. ***Scheisse*** : juron qui signifie « merde » (en allemand).

la guerre comme ça, en gardien de troupeau. Le vieux ne pense rien de la guerre. Il a une fourrure de front russe sur le dos. Le fusil sur l'épaule, il n'a pas envie de nous tirer dedans, ni même de nous emmerder. Le con promène la main sur son poignard ; il ne peut pas détacher ses yeux de nous. La sentinelle aurait bien envie de l'envoyer se faire foutre, mais la fermière a peut-être un morceau de porc en trop, et le type est des Jeunesses hitlériennes.

Le con pense que la sentinelle le prend pour un gosse, et il s'en va, raide.

Robert Antelme, *L'Espèce humaine*,
© Gallimard, 1947, rééd. coll. « Tel », 1979.

1. Quel est le niveau de langue employé par l'auteur ? Quel effet cela produit-il ?

2. Qui parle à partir de « "L'Allemagne est un grand pays [...]" » ? Que permet le recours au discours direct ?

3. Quels sentiments le narrateur éprouve-t-il à l'égard des visiteurs et du gardien ?

4. Quel est l'effet produit par cette manière de raconter ?

Rappeler avec humour : Robert Bober, *Quoi de neuf sur la guerre ?* (1993)

Robert Bober appartient à ce que l'on pourrait appeler la « deuxième génération » d'auteurs qui ont écrit sur la Shoah. Il naît en 1931, en Allemagne, dans une famille juive. En 1936, ses parents se réfugient en France, fuyant le régime hitlérien, qui bientôt les « rattrape ». Caché dans une pension de Clamart, Robert Bober échappe à la déportation. À la Libération, il entre en apprentissage chez un tailleur. Beaucoup plus tard, s'inspirant de son expérience, il publie un roman intitulé *Quoi de neuf sur la guerre ?* (1993), un récit plein d'humour dans lequel il revient sur les années de guerre, et sur celles qui ont suivi, laissant entrevoir les traumatismes qu'elle a laissés.

À Paris, en 1945-1946, dans un atelier de confection pour dames, se croisent et discutent le patron et sa femme, leurs enfants, un presseur, des finisseuses, Maurice, un mécanicien rescapé d'Auschwitz, et Charles, un autre mécanicien dont la femme et les enfants ne sont pas revenus des camps. Voici la première page du roman, dans laquelle Maurice se présente.

Mon nom, c'est Abramowicz. Maurice Abramowicz. Ici, à l'atelier, on m'appelle Abramauschwitz. Au début parce que ça nous faisait rire. Maintenant, c'est plutôt par habitude. C'est Léon le presseur qui avait trouvé ça. Pas tout de suite, il n'avait pas osé. Parce que tout de même un ancien déporté, c'est d'abord un ancien déporté même si c'est un bon mécanicien.

Comme mécanicien, je ne crains personne. Surtout en rapidité. Quand je me suis présenté ici en début de saison, on était deux pour la place. C'est-à-dire que d'autres sont venus aussi avec le journal sous le bras, mais on était déjà à la machine. L'autre, il était jeune et fort, et à sa manière de regarder le modèle, j'ai vu tout de suite qu'il connaissait bien le métier. Pourtant, quand quarante minutes après je finissais de monter la deuxième manche, il commençait seulement à placer le col. Lorsque j'ai accroché le manteau terminé sur le mannequin, il a relevé la tête en souriant et m'a dit que s'il avait su tout de suite que j'étais un « grener [1] », il n'aurait même pas cherché à faire la course. Le patron lui a payé sa pièce et il est parti se chercher une autre place. Après, j'ai fait la connaissance avec l'atelier.

Robert Bober, *Quoi de neuf sur la guerre ?*, © POL, 1993, rééd. Gallimard, coll. « Folio », 2002.

1. Quels points communs pouvez-vous établir entre cet extrait et *L'Atelier* (contexte, personnages, écriture) ?

2. Où réside l'humour dans ce passage ?

---

1. ***Grener*** : généralement orthographié « griner », le mot signifie « nouvel immigrant » (au sens littéral, « vert », en yiddish).

Se raconter : les formes du discours autobiographique dans les textes de Jean-Claude Grumberg

(groupement de textes n° 2)

Pour se raconter, un auteur peut recourir à des formes littéraires différentes : il peut notamment écrire une autobiographie, « récit rétrospectif en prose que quelqu'un fait de sa propre existence, quand il met l'accent principal sur sa vie individuelle, en particulier sur l'histoire de sa personnalité [1] » – l'écrivain respecte alors le pacte autobiographique (identité de l'auteur, du narrateur et du personnage) et le pacte de sincérité (véracité des faits racontés), et la forme retenue suppose un écart temporel entre le moment où il raconte et le moment qui est relaté. Il peut aussi rédiger un journal intime – l'auteur fait le récit au jour le jour de sa vie –, des Mémoires – l'auteur est le plus souvent une personnalité publique qui retrace les événements historiques dont il a été un acteur important –, un roman autobiographique – l'auteur raconte la vie d'un personnage fictif ayant vécu une vie similaire à la sienne [2]. Avec *L'Atelier*, Jean-Claude Grumberg choisit non pas la forme narrative mais la forme théâtrale, mettant l'accent, dans l'interview qu'il nous a accordée (p. 156-164), sur le caractère autobiographique de cette œuvre : « la pièce est directement liée à ma vie », dit-il, soulignant que tout y est « transposé par la forme théâtrale ». Dans cet entretien, il signale également deux autres textes où il « a parlé de [sa] vie » – *Mon père. Inventaire* et *Maman revient pauvre orphelin* – « mais en transposant de moins en moins », recourant au récit et à la « chanson ».

---

1. Philippe Lejeune, *L'Autobiographie en France*, Armand Colin, 1998.
2. Pour une présentation plus complète des formes du récit de soi et un *corpus* d'extraits appartenant à ces divers genres, voir *L'Autobiographie et autres écritures de soi*, Flammarion, coll. « Étonnants Classiques », 2016.

Mon père. Inventaire (2003)

Dans son autobiographie *Mon père. Inventaire*, Jean-Claude Grumberg revient sur la douloureuse arrestation de son père par les autorités françaises sous l'Occupation, évoquée dans *L'Atelier* à travers le récit que Simone fait de l'arrestation de son mari.

J'ai raconté en d'autres temps l'arrestation de mon père. Le bris [1] de la porte palière, les agents qui se glissent par le panneau du bas fracassé et qui constatent qu'il est là debout en pyjama. Mon père dit à ma mère de les installer tandis qu'il s'habille dans la cuisine et de leur offrir un verre de vin. « Donne-leur quand même à boire »...

Ma mère supplie, dit qu'il est malade : « Regardez-le, il tremble de fièvre. » Et moi qui demande innocemment : « Tremblait-il réellement de fièvre, maman ?

– Mais non (haussement d'épaules), il tremblait de peur, qu'est-ce que tu crois ! » Mon frère me précisera quelques années plus tard encore : « Il se tenait au pied du lit en pyjama, une main passée entre deux boutons pressant son foie comme Napoléon, oui, c'était l'empereur, mais l'empereur de la trouille », puis il cria que lui, les coups dans la porte, il les entendait encore. Moi je n'entends rien, je ne vois rien, je suis cet enfant en bas âge qui pleure dans son berceau, dont l'un des agents note la bruyante présence sur son calepin.

Dans la cuisine, verres de rouge sur la toile cirée et larmes de ma mère, l'un des deux gardiens dira tristement : « Pourquoi être resté dans la gueule du loup ? » L'autre précisera : « Si c'était que de nous... mais un milicien [2] attend en bas dans la cour... » Et ils emmenèrent mon père, gentiment. Ma mère dut correspondre avec lui et même aller le voir du haut d'une des fenêtres du café-hôtel qui

1. ***Le bris*** : ici, la destruction.
2. ***Milicien*** : membre de la Milice française, organisation politique créée par le régime de Vichy en 1943 pour lutter contre la Résistance, qui collabora avec la Gestapo et les autres forces allemandes.

donnait sur la cour du camp de Drancy, ils ont dû se faire des signes par-dessus les barbelés.

Jean-Claude Grumberg, *Mon père. Inventaire*,
© Seuil, coll. « La Librairie du XXIe siècle »,
2003, p. 20-21.

1. Quel âge Jean-Claude Grumberg avait-il lors de l'arrestation de son père ? Relevez les indices signalant qu'il reconstitue ce souvenir douloureux à partir de témoignages extérieurs.

2. Quelle image du père l'auteur donne-t-il à travers l'évocation de ce souvenir ? Quelle est la tonalité dominante de l'extrait ?

3. Montrez que ce souvenir d'enfance hante encore l'esprit du narrateur adulte.

4. Comparez ce texte au récit que Simone fait de l'arrestation de son mari (scène 3, p. 60-61).

Maman revient pauvre orphelin (1994)

En 1992, Jean-Claude Grumberg rencontre des lycéens qui s'attellent à la mise en scène de *L'Atelier* et qui se heurtent à la précision des didascalies, au foisonnement des personnages... Deux ans plus tard, c'est par ces mots, inscrits en épigraphe, qu'il présente avec humour *Maman revient pauvre orphelin*, un texte dans lequel il se livre également, « plus intime » (voir son interview, p. 158) que *L'Atelier* : « afin de ne pas risquer de déplaire à la jeunesse, et dans le but évident de ne pas être recalé à l'examen de passage à la postérité, voilà une œuvrette sans didascalies ni indications d'aucune sorte », « une chanson ». Dans cet extrait, le personnage principal, que l'on peut assimiler à l'auteur, s'adresse à sa mère, désormais âgée.

« Tu m'as vu hier soir ?
– T'es venu hier soir ?
– Non, à la télé, tu m'as vu ?

– Non.
– Je t'avais dit maman, mardi.
– T'es venu mardi ?
– Non, dimanche. Je t'ai dit mardi il y a un débat.
– Ah oui, j'ai dû voir le début du débat.
– Moi je parlais à la fin maman.
– J'aime pas les débats.
– Mais celui-là maman je t'avais dit que j'y parlerais.
– Quand ?
– Dimanche.
– Dimanche y avait débat ?
– Non, hier mardi. J'ai parlé dans un débat.
– De quoi ?
– Je t'explique maman.
– De quoi t'as pu parler ?
– Justement de tout ce qu'on a souffert pendant la guerre maman.
– De tout ce que J'AI souffert.
– Mais j'étais là maman, j'étais là.
– T'étais bébé.
– Les bébés souffrent aussi maman, les bébés souffrent aussi, j'ai mal maman, j'ai mal partout. »

Jean-Claude Grumberg, *Maman revient pauvre orphelin*,
© Actes Sud, 1994, p. 13.

1. Quels sont les points communs entre le premier personnage et l'auteur ?

2. Commentez l'emploi des majuscules : « tout ce que J'AI souffert ».

3. Quels sont les registres à l'œuvre dans cet extrait ? La pièce *L'Atelier* use-t-elle du même registre ? Lequel vous paraît être le plus efficace ?

4. Quel peut être le rôle de Jean-Claude Grumberg dans un débat télévisé ? Pourquoi raconte-t-il « tout ce qu'on a souffert pendant la guerre » ?

Histoire des arts

La France et la collaboration

Poignée de main entre Hitler et Pétain, à Montoire (24 octobre 1940)

Observez la photographie reproduite p. 1 du cahier photos, puis répondez aux questions suivantes.

Introduction

Présentez l'image, en indiquant de quel type de document il s'agit. Vous ferez des recherches sur le contexte historique : quelle est la situation en France au moment où a été prise cette photographie ?

Description

1. Qui apparaît sur cette photographie ? À partir de recherches en ligne ou au CDI, expliquez qui sont Hitler et Pétain et quelle fonction ils occupaient en octobre 1940.

2. Détaillez la tenue vestimentaire des hommes présents sur cette image. Quelles remarques pouvez-vous faire ?

3. Décrivez l'attitude de chaque personne sur la photographie.

Interprétation

1. Comment caractériseriez-vous l'expression des visages de Pétain et d'Hitler ?

2. Quelle est la signification de cette poignée de main ? Pour répondre à cette question, vous vous aiderez de vos connaissances sur le contexte historique et de vos recherches sur la situation de la France en octobre 1940.

Serge Smulevic, *Papon* (1997)

Observez le dessin de Serge Smulevic reproduit p. 1 du cahier photos, puis répondez aux questions suivantes.

Introduction

1. Présentez l'image en précisant le type de document dont il s'agit.

2. Effectuez des recherches sur l'artiste, ainsi que sur Maurice Papon, et résumez en quelques lignes la biographie de ces deux hommes.

3. En vous aidant des informations que vous aurez recueillies, présentez le contexte historique dans lequel s'inscrit ce dessin.

Description

1. Décrivez le dessin. De quels éléments est-il composé ?

2. Comment se nomme la croix représentée sur le dessin ? Expliquez sa signification.

Interprétation

1. Comment comprenez-vous la légende ?

2. Pourquoi le doigt de la main droite est-il pointé vers le bas ?

3. Commentez le choix du noir et blanc.

Atelier-débat

Le dessin se moque de la défense adoptée par Papon à son procès. Que pensez-vous de ses arguments ? À votre avis, un fonctionnaire doit-il obéir à n'importe quel ordre ?

Parc à jeux (novembre 1942)

Observez la photographie reproduite p. 2 du cahier photos, puis répondez aux questions suivantes.

Introduction

Présentez l'image, en précisant de quel type de document il s'agit et en indiquant son contexte historique.

Description

1. Que font les enfants dans le parc ?

2. Où ce parc est-il situé ?

Interprétation

1. D'après vous, que peuvent représenter symboliquement les barrières ?

2. Que signifie l'inscription sur la pancarte ? À partir de recherches effectuées en ligne ou au CDI, indiquez de quand date cette interdiction.

3. Sur quels effets de contraste la photographie repose-t-elle ?

Atelier-débat

En quoi l'image est-elle révoltante ?

Après l'horreur : la nouvelle génération

Myriam Smulevic, dite Sala, *Le Survivant* (2004)

Observez le dessin de Sala reproduit p. 3 du cahier photos, puis répondez aux questions suivantes.

Introduction

Présentez l'œuvre, en précisant de quel type de document il s'agit et en indiquant son contexte historique.

Description

1. Que représente ce dessin ?

2. Quelles couleurs l'artiste a-t-elle ici employées ? Quel est l'effet produit ?

3. Que porte la figure représentée au bout de sa main droite ?

Interprétation

1. Le personnage est ici seulement esquissé, réduit à ses lignes principales. À votre avis, pourquoi un tel dépouillement du trait ?

2. Comment comprenez-vous le choix qu'a fait l'artiste de ne pas représenter le corps de manière réaliste ?

3. En quoi peut-on dire que ce dessin a une tonalité pathétique ?

Shimon Attie, *Slide projection of former religious book salesman*[1], *1930* (1992)

Observez la photographie reproduite p. 3 du cahier photos, puis répondez aux questions suivantes.

Introduction

Présentez l'œuvre, en précisant de quel type de document il s'agit et en indiquant son contexte historique.

Description

1. Décrivez l'image. Dans quel lieu cette photographie a-t-elle été prise ? Qu'est-ce qui est projeté sur la façade de l'immeuble ?

2. Décrivez l'homme représenté, en vous intéressant à sa tenue vestimentaire et à son attitude.

Interprétation

1. Pourquoi projeter ces diapositives dans le quartier juif de Berlin ?

2. Comment l'idée de vie est-elle suggérée ?

3. Quel effet lumineux la projection de la diapositive produit-elle ?

Atelier-débat

En quoi ce travail artistique est-il un hommage rendu aux Juifs morts en déportation ?

Christian Boltanski, *Personnes* (2010)

Observez la photographie reproduite p. 4 du cahier photos, puis répondez aux questions suivantes.

Introduction

Présentez l'œuvre, en précisant de quel type de document il s'agit et en indiquant son contexte historique.

---

1. ***Slide projection of former religious book salesman*** : « projection d'une diapositive qui représente un ancien marchand de livres religieux ».

Description

1. De quoi le dispositif artistique de Boltanski est-il composé ?

2. Que fait la grue ?

Interprétation

1. Qu'a voulu évoquer l'artiste à travers ces amas de vêtements ?

2. Quelle est la signification des casiers fermés que le public doit contourner ?

Atelier-débat

Pourquoi cette création dérange-t-elle ?

Éducation aux médias et à l'information (EMI)

Reportage sur une mise en scène de *L'Atelier*

Le reportage diffusé dans le *Soir 3* du 29 octobre 1998 propose quelques extraits de la mise en scène de *L'Atelier* de Grumberg, par Gildas Bourdet, au théâtre Hébertot.
Rendez-vous sur le lien suivant : **www.ina.fr/video/CAC98044405**, visionnez la vidéo, puis répondez aux questions ci-dessous.

1. Dans le cadre de quelle rubrique de l'émission *Soir 3* ce reportage a-t-il été diffusé ?

2. De quelle pièce est-il question ? Qui en est l'auteur ? le metteur en scène ? Dans quel lieu se joue-t-elle ?

3. Qui sont les personnes interviewées ?

4. Les images filmées de la mise en scène correspondent-elles à l'idée que vous vous étiez forgée à partir de la lecture du texte de *L'Atelier* ? Y a-t-il des éléments dans la mise en scène qui vous surprennent ? Que pensez-vous du choix des acteurs ?

5. Comment le public réagit-il lors de la représentation ? Commentez ses réactions.

La propagande antisémite en France sous l'Occupation (1940-1944)

Le département du Cher (plus précisément, la Direction des archives départementales et du patrimoine) a mis en ligne des documents iconographiques sur la propagande antisémite en France durant l'Occupation.

Cherchez « département du Cher propagande antisémite en France sous l'Occupation » dans un moteur de recherche et cliquez sur le fichier PDF intitulé « **La propagande antisémite en France sous l'Occupation 1940-1944** ».

Lisez ce document puis répondez aux questions suivantes.

1. Où les documents iconographiques reproduits sur le site se trouvent-ils réunis ?

2. Quels sont les types de documents reproduits ?

3. Quelle est la fonction du site ? Quelle méthode a été retenue pour le classement des documents ?

4. Quels stéréotypes antisémites apparaissent à travers ces caricatures ?

5. Attardez-vous sur l'affiche de 1941 éditée par un mouvement politique collaborationniste, la Ligue française (dernière page du fichier). Quel est le pays représenté sur l'affiche ? Pourquoi caricaturer des hommes en cigognes ? Que portent ces dernières dans leur bec ? Quelle est la finalité de l'affiche ?

L'art de la mise en scène : quelques clés d'analyse

Lorsqu'un metteur en scène monte une pièce, il partage avec les spectateurs **sa lecture** de l'œuvre. Il a un projet, une manière qui lui est propre de lire et de comprendre le texte, qu'il transmet au public avec l'aide de ses acteurs mais aussi de son scénographe, de son décorateur, de son costumier, de ses techniciens…

Analyser une mise en scène suppose donc de mettre en évidence la façon dont un metteur en scène, à l'aide de différents éléments scénographiques, **propose une interprétation personnelle** d'une pièce. Parmi ces éléments, on pourra commenter :

– **Le décor** : à quoi ressemble-t-il ? Est-il imposant ou minimaliste ? Est-il réaliste ou abstrait ? Contribue-t-il à créer une ambiance ? On n'oubliera pas de s'intéresser aux lumières, qui peuvent accentuer tel ou tel effet produit par le décor, voire se substituer à ce dernier.

– **Les costumes** : sont-ils réalistes ou extravagants ? Sont-ils simples ou recherchés ? Quelle fonction servent-ils ? Aident-ils par exemple à caractériser les personnages, à faire revivre une époque, à créer un univers ? L'ensemble des costumes et des décors est-il harmonieux ou observe-t-on des effets de contraste ? On prendra également en compte les accessoires et le maquillage.

– **La musique** : est-elle jouée sur scène ou préenregistrée ? Quelle place occupe-t-elle dans la mise en scène ? Quel rôle joue-t-elle ? Sert-elle à créer une ambiance, à souligner un moment fort de l'intrigue ?

– **La distribution et le jeu des interprètes** : quels acteurs jouent quels personnages ? Ont-ils un jeu statique ou dynamique ? intériorisé ou exagéré ? réaliste ou stylisé ?

La mise en scène de Gildas Bourdet (1998)

En 1998, Gildas Bourdet met en scène *L'Atelier* au théâtre Hébertot. Ce travail lui vaudra, l'année suivante, le Molière du metteur en scène. C'est cette interprétation de *L'Atelier* que nous vous proposons de découvrir, à travers la captation filmée d'une représentation.

Analyse d'ensemble

1. Quel rôle le décor joue-t-il ?

2. Quelles sont les fonctions des costumes ?

3. Comment les différentes scènes s'enchaînent-elles ?

4. Caractérisez le jeu de Wojtek Pszoniak, qui incarne le personnage de Léon.

5. Quels rapprochements pouvez-vous faire entre le début et la fin de la mise en scène ?

Analyses de séquence

Analyse de la scène 2, « Chansons »

1. Pourquoi la représentation de la scène fait-elle davantage rire que sa seule lecture ?

2. Pouvez-vous identifier les autres avantages qu'offre la mise en scène du texte ?

3. En quoi le fait qu'il s'agisse ici d'une captation filmée change-t-il notre approche du spectacle ?

Analyse de la scène 4, « La Fête »

1. Qui met la musique ? Qu'a-t-elle de particulier ?

2. Qui sait danser le tango ? Pourquoi ?

3. Quel est l'effet produit par le dialogue entre Gisèle et Simone ?

4. Décrivez et commentez la fin de la scène.

Analyse de la scène 5, « La Nuit » (à partir de l'entrée en scène de Léon)

1. Sur quels contrastes la scène repose-t-elle ?

2. Quel est l'effet produit par ce passage ? Quelle émotion le spectateur ressent-il ?

3. Comment le couple Léon/Hélène fonctionne-t-il dans cet extrait ?

Interview de Jean-Claude Grumberg

Quelle est la part d'inspiration autobiographique dans la pièce ?

Je pense qu'elle est très grande – comme on peut faire une autobiographie au théâtre. C'est-à-dire que la scène impose une transposition. Mais le personnage de ma mère [Simone] et la situation, l'arrestation du père, tout ce que Simone raconte et l'ambiance de l'atelier – qui est celle de l'atelier où ma mère travaillait et des ateliers où j'ai moi-même travaillé –, etc., tous ces éléments sont autobiographiques. Donc la pièce est directement liée à ma vie, mais l'ensemble est transposé par la forme théâtrale.

Vous êtes-vous uniquement appuyé sur vos souvenirs ou avez-vous effectué un travail de documentation pour retracer l'ambiance de l'après-guerre ?

Le problème que j'avais, c'était la précision des souvenirs qu'il me fallait transformer en courtes scènes.

Par ailleurs, il y a eu un gros travail documentaire, par exemple sur le retour des déportés ; c'était extrêmement difficile de trouver des documents à l'époque où j'ai écrit la pièce. La documentation devait nourrir les comédiennes pendant un travail d'improvisation. En effet, j'avais un gros problème pour écrire la première scène : comme le personnage de Simone était ma mère, je pensais que son histoire devait être au premier plan ; et ça ne fonctionnait pas. C'est Théâtre Ouvert [1] qui m'a proposé de faire un travail d'improvisation avec les comédiennes. Dès les premières journées, je me suis aperçu que Simone était un personnage comme un autre, qui venait dans un atelier et que le personnage principal était le groupe. Donc il y a eu un travail de documentation pour nourrir les improvisations, ces improvisations m'ont permis de transformer ces souvenirs trop précis ou cette documentation trop précise en quelque chose de plus vivant. La première et la deuxième scènes sont nées de ce travail d'improvisation, les autres ayant été écrites avant le début des improvisations.

Dans quels personnages avez-vous mis le plus de vous-même ?

Il y a déjà l'enfant, à la fin. Et il y a le patron, Léon.

Parce que vous avez interprété le personnage de Léon ?

Non, j'ai fini par interpréter Léon parce que les comédiens me renvoyaient l'image d'un patron exploiteur, très dur, et moi je ne voulais pas ça. Il s'agit d'un type qui essaie de vivre ; il est celui qu'il exploite en premier, avec sa femme. Le discours des ouvrières sur le patron ne doit pas être pris comme la vérité. C'est leur vérité, comme le patron quand il parle des ouvrières, c'est sa vérité. Donc je tenais

1. ***Théâtre Ouvert*** : théâtre fondé au Festival d'Avignon en 1971, centré sur la promotion et la diffusion de textes de dramaturges contemporains.

à rendre une sorte d'hommage à ces petits patrons chez qui j'ai travaillé quand j'étais apprenti tailleur et qui avaient des tas de qualités. En même temps, c'est un personnage excessif. Mais j'ai mis beaucoup de moi dedans.

Et, bien sûr, il y a le personnage de ma mère (Simone), mais là, bizarrement, c'est peut-être le personnage sur lequel j'ai été le plus timide. Et c'est pour ça que j'ai écrit *Maman revient pauvre orphelin* [1] : je reviens sur l'évocation de ma mère ; il y a quelque chose de plus intime dans ce texte.

À ce titre, le fait que Simone ouvre la pièce et que celle-ci ne continue pas sans elle est particulièrement significatif...

Il s'agit bien de raconter sa vie et, à travers elle, la disparition du père. Simone ne finit pas la pièce, c'est son absence qui la finit.

Pourquoi avez-vous choisi de traiter ce sujet douloureux ? Était-ce une nécessité par rapport à votre histoire personnelle (plus que tout autre, vous sentez-vous investi d'un « devoir de mémoire ») ? Des événements extérieurs ont-ils motivé l'écriture de la pièce ?

À l'époque, l'expression « devoir de mémoire » n'existait pas. Je sortais d'un grand succès avec une pièce qui s'appelle *Dreyfus* [2] et je me suis dit que, si j'étais un auteur dramatique, je devais me le prouver en racontant une histoire que les autres ne pouvaient pas raconter. Je pense que, quand on écrit, il faut écrire ce que les autres ne peuvent pas écrire.

L'écriture de cette œuvre était-elle difficile ?

Très difficile. L'écriture a duré cinq ans ; et quand je dis cinq ans – l'écriture de *Zone libre* [3] en a duré dix mais j'écrivais pour la télévision, le cinéma et aussi d'autres pièces de théâtre – c'est cinq ans

1. *Maman revient pauvre orphelin*, Actes Sud, 1994.
2. *Dreyfus*, Actes Sud, 1990.
3. *Zone libre*, Actes Sud, 1990.

sans écrire autre chose. Je n'écrivais pas tous les jours, bien sûr, j'écrivais une scène puis j'arrêtais quelques mois.

La grosse différence entre une pièce de théâtre ordinaire et *L'Atelier*, c'est que, généralement, les personnages dans les pièces de théâtre viennent pour proférer, pour s'adresser au public, alors que dans *L'Atelier* ils viennent travailler. Ce sont des gens qui viennent gagner leur vie et qui accessoirement parlent. Ils parlent de choses et d'autres. Ils disent des conneries, ils disent des choses importantes, ils se confient, ils rient, ils pleurent... Mais l'élément essentiel, c'est qu'ils travaillent. Le « personnage principal » de la pièce, au-delà de ma vie, c'est l'atelier. Je suis né dans un atelier, mon père travaillait dans l'appartement où on vivait – même si je n'ai pas de souvenirs de lui travaillant –, on dormait dans la pièce qui lui avait servi d'atelier, ma mère travaillait dans un atelier qui était tout près de la maison, j'ai moi-même été apprenti tailleur – j'ai fait dix-huit places – et je me suis marié avec une femme qui avait un atelier. Ce lieu, l'atelier, c'est lui le personnage principal. Bien sûr que les comédiennes sont là pour parler au public, mais il y a une chose plus concrète que d'ordinaire qui est qu'on doit les voir travailler et qu'on doit avoir l'impression qu'elles ne sont pas là pour parler mais pour travailler, pour gagner leur pain...

La structure de l'œuvre s'est-elle imposée d'emblée ?

La structure de l'œuvre ressemble à celle de *Dreyfus* et de *En r'venant d'l'expo* [1], qui sont des pièces antérieures, et même à celle d'*Amorphe d'Ottenburg* [2].

L'assemblage des scènes a progressivement construit le récit. C'est l'écriture qui crée la structure et non l'inverse. Ce sont les besoins du récit qui font que ça s'organise.

Il y avait le problème des journées, le problème des saisons et celui de la durée, puisque la pièce s'étale de 1945 à 1952. Il fallait à la fois être très vif à l'intérieur des scènes et permettre au temps de passer.

1. *En r'venant d'l'expo*, Actes Sud, 1992.
2. *Amorphe d'Ottenburg*, Actes Sud, 1999.

Quand je dis que j'ai travaillé pendant cinq ans, j'écrivais des fois une scène en un quart d'heure, mais j'écrivais une scène tous les six mois. Et quand elle sortait, elle sortait comme ça.

Dans quel(s) registre(s) situez-vous votre pièce ? Pourquoi recourez-vous souvent au comique pour traiter ce sujet douloureux et grave ?

La pièce se situe dans la tradition de la littérature yiddish, toujours liée au drame et à la vie quotidienne ; très souvent la littérature yiddish donne à voir de petites gens confrontés à des problèmes insolubles. Il s'agit chaque fois de faire rire et pleurer de la même situation.

Encore une fois, je n'ai pas choisi, je ne me suis pas dit « tiens, je vais faire quelque chose qui s'inscrit dans cette tradition ». Ça sort comme ça. C'est une expression naturelle. Dès que j'ai commencé à écrire, que ce soit sur ce sujet-là ou sur un autre, le drame et le rire ont été liés. Il y a une raison plus prosaïque : imaginez que vous invitez à dîner un oncle malade et qui vous parle de sa maladie, tout ça sans vous faire rire, vous ne le réinviterez plus, c'est insupportable. Donc, quand on raconte sa vie, il faut faire rire les gens qui écoutent.

C'est aussi un besoin de légèreté pour contrecarrer la douleur ?

Même pas de légèreté, parfois c'est un rire grossier. Quand on écrit, il faut s'amuser soi-même. Et puis je crois que rendre hommage aux disparus, c'est les montrer vivants. Les montrer vivants, ça n'est pas que les pleurer.

Quelle place donnez-vous à cette pièce dans l'ensemble de votre œuvre ?

Ce n'est pas moi qui lui ai donné une place, je crois que c'est la pièce qui s'est jouée partout, qui continue à se jouer, qui est étudiée dans certaines classes et beaucoup jouée par les amateurs. En quelque sorte, je suis l'auteur de *L'Atelier* et j'ai écrit d'autres pièces.

Pour moi, cette pièce a bien sûr une histoire particulière, puisque je l'ai jouée, puisque c'est l'histoire de ma mère… Il y a *L'Atelier* et il y a *Maman revient pauvre orphelin* et *Mon père. Inventaire*, qui n'est pas une pièce de théâtre mais une suite de récits. Dans ces textes, j'ai également parlé de ma vie, mais en transposant de moins en moins.

Vous êtes l'auteur d'un roman, *La nuit tous les chats sont gris*, mais surtout d'une trentaine de pièces de théâtre. Pourquoi avez-vous privilégié le genre dramatique ?

Au départ, j'étais comédien. Je suis devenu auteur par défaut : je n'avais pas de travail comme comédien, donc j'ai écrit des pièces pour passer le temps. J'étais un grand lecteur, un lecteur boulimique de romans, de nouvelles, de littérature en général, mais je ne me voyais pas me mesurer avec le *Moby Dick* de Melville, par exemple… Vous allez me dire il y a Shakespeare et Molière… J'ai mis du temps avant de me reconnaître comme comédien puis j'ai mis du temps avant de me reconnaître comme auteur. C'est-à-dire que je n'étais destiné ni à jouer ni à écrire. Avec mes premières expériences d'acteur, j'étais plus proche de l'écriture dramatique que de l'écriture romanesque.

Maintenant, j'aime de plus en plus les formes brèves – les nouvelles. C'est ce qui me touche le plus, de réussir à dire le plus avec le moins de mots possible. J'ai écrit beaucoup de pièces courtes depuis le début. Je suis assez ému et étonné de voir que des pièces écrites dans les années 1960 continuent de se jouer.

La différence entre l'écriture romanesque et l'écriture dramatique, c'est que, quand vous écrivez un roman, vous vous adressez à votre lecteur directement, si vous avez la chance de rencontrer un éditeur qui vous publie. Si vous écrivez une pièce de théâtre, il faut qu'elle soit jouée pour trouver son public. Bien sûr, elle a un double objet, elle peut être lue et jouée. Au début, je n'imaginais pas que mes pièces seraient éditées, donc j'écrivais pour que mes pièces soient jouées. Vous n'êtes pas seul au théâtre : vous acceptez cette aventure étrange qui est d'écrire quelque chose de très personnel afin que des gens que vous connaissez à peine s'en emparent et la présentent au public. Ça plaît : vous êtes un bon auteur. Ça ne plaît pas : vous êtes un mauvais auteur. C'est comme si vous vous prépariez à passer un examen mais que, le jour de l'examen, d'autres personnes le passent à votre place. Il y a là un sentiment de groupe dont ma modestie devait sans doute avoir besoin ; je ne me voyais pas écrire quelque chose et je ne revendiquais pas cette place d'écrivain.

Quels sont les dramaturges dont vous vous sentez proche ?

Avant tout, comme on s'adresse ici à des élèves, je voudrais insister sur le fait qu'on ne peut pas écrire sans lire. C'est parce qu'on est lecteur qu'on est écrivain. J'ai lu Shakespeare, les grands romans de Dostoïevski, Balzac, Victor Hugo… Mais ceux dont les œuvres m'ont le plus touché, ce sont sans doute les auteurs qui me renvoyaient aux traductions de certains écrivains yiddishs ou aux Juifs américains comme Malamud [1], comme Saul Bellow [2].

Parmi les dramaturges, il y a eu Tchekhov [3], bien sûr, Eugene O'Neill [4], puis bien entendu Samuel Beckett [5]. Je pense que Beckett a ouvert la porte à des gens comme moi. C'est-à-dire que, jusqu'à Samuel Beckett et Ionesco [6] – qui, bizarrement, sont tous les deux des immigrés qui ont choisi la langue française –, on écrivait dans une langue assez ampoulée au théâtre. Donc il fallait au moins connaître la grammaire, ce que je ne connaissais pas, ce que je ne connais pas. Cette possibilité d'écrire des œuvres qui ne sont pas construites d'une manière classique et avec un vocabulaire assez sommaire en fin de compte, c'est à Beckett et à Ionesco qu'on la

---

1. ***Bernard Malamud*** : écrivain américain (1914-1986). Grand maître de la nouvelle, il dépeint avec humour et compassion les Juifs pauvres de l'Amérique urbaine.
2. ***Saul Bellow*** : romancier américain (1915-2005). Issu d'une famille d'émigrants russes, il a notamment évoqué les problèmes de la minorité judéo-américaine.
3. ***Anton Tchekhov*** : écrivain russe (1860-1904), dramaturge et nouvelliste.
4. ***Eugene O'Neill*** : auteur dramatique américain (1888-1953).
5. ***Samuel Beckett*** : dramaturge irlandais (1906-1989), auteur de pièces qui relèvent du théâtre de l'absurde.
6. ***Eugène Ionesco*** : auteur roumain (1909-1994), qui écrivit en français des pièces appartenant au théâtre de l'absurde.

doit. Et eux devaient rompre avec cette littérature qui avait failli pendant la Seconde Guerre mondiale…

Comment définiriez-vous le travail de metteur en scène ?

Dans l'idéal, le metteur en scène est l'interprète de l'auteur. On assiste maintenant à une prise de pouvoir par le metteur en scène qui fait que, bien souvent, la pièce devient un prétexte à l'élaboration de son œuvre. Mais l'œuvre des metteurs en scène est très éphémère. L'œuvre de l'auteur dramatique a une durée qui est liée à l'écriture et à la publication. La pièce jouée devient une œuvre commune à l'auteur et au metteur en scène.

Le metteur en scène est celui qui gère l'espace et le sens. Ça n'est pas parce qu'on lit qu'on comprend. Il faut donc que quelqu'un soit le garant du sens. Si un metteur en scène monte *L'Avare*, il a une grande liberté, mais ce qu'il n'a pas comme liberté c'est de faire de cet avare un homme très généreux. Dans le cadre de *L'Avare*, il n'y a pas généralement d'interprétation fausse. Mais si on prend une pièce comme *Le Marchand de Venise*, avec le personnage de Shylock[1], on s'aperçoit qu'il faut gérer cette présence et ne pas en faire une caricature : *Le Marchand de Venise* a servi pendant très longtemps de drapeau pour l'antisémitisme sur scène. De même, pour *L'Atelier*, on pourrait imaginer qu'un metteur en scène transforme Léon en monstre, en enlevant la distance que donnent l'autodérision et l'humour.

Le metteur en scène devrait être le garant de la parole de l'auteur et aussi celui qui materne les acteurs. Bien entendu, il a une responsabilité artistique.

1. ***Le Marchand de Venise*** : comédie en cinq actes de Shakespeare (1594 ou 1596). Bassanio tente d'obtenir la main de Portia, une riche héritière dont il est épris. Son ami Antonio, pour l'aider, a emprunté une somme d'argent à l'usurier juif Shylock auquel il a promis une livre de sa chair en cas de non-remboursement.

Vous considérez-vous comme un auteur engagé et pensez-vous que la fonction d'un écrivain soit de s'engager ?

Quand on s'adresse à un public, on a une responsabilité. Il faut s'exprimer, pas seulement faire plaisir aux gens : rendre compte du monde dans lequel on vit et troubler le spectateur, le perdre entre le rire et les larmes. Je ne me suis jamais senti très engagé. Je n'ai pas la formation philosophique, cependant j'aspire à m'engager, mais dans quoi ?